虎と巨人

掛布雅之
野球評論家

JN042406

814
中公新書ラクレ

はじめに——野球をあきらめるためのプロ野球

ONに憧れた少年時代

私は1955年に新潟で生まれて、千葉で育ち、長嶋茂雄《ながしましげお》さん、王貞治《おうさだはる》さんに憧れて野球を始めた少年でした。当時はテレビも地上波しかなく、巨人戦しか中継のない時代です。長嶋さんと、王さんが打席に回ってきそうなタイミングでチャンネルを替えて、2人の打撃だけ見て、またチャンネルを替えてしまうような感じでした。野球は見るより、自分でやる方が好きで、楽しかったのです。どこの球団のファンというのはなく、ただONに憧れていただけでした。

後楽園球場（1987年までの巨人の本拠地）にもONを見に行きました。父親が小料理屋をしていて、お客さんの中に巨人戦のチケットをくれる人がいました。小学校の高学年か、中学に入りたての頃だったと思いますが、そのチケットを握りしめて、友だちと練習だけを見にいくのです。試合を見ていると、帰りが遅くなりますから。

通称ジャンボスタンドから見た王さんの打撃練習に度肝を抜かれました。「こんなにボールが飛ぶのか」と、口あんぐりです。堀内恒夫《ほりうちつねお》さんのキャッチボールにも驚きました。スピンの効いたボールはスーッとどこまでも伸びて、落ちてこないのです。そして、巨人の選手たちのユニホーム姿、着こなしが心底、格好良く思えました。

小学校時代は野球だけでなく、剣道や水泳など、様々なスポーツをやっていました。野球に絞ったのは中学に入ってからです。それからは、ますます野球は見るより、実際にプレーすることの方が楽しくなりました。巨人戦をゲームセットまでテレビで見るような少年ではありませんでした。バットを振っている方が楽しかったのです。

目標は、いかに納得して辞めるかだけ

多くの野球少年と一緒で将来の夢はプロ野球選手でした。ただその頃は漠然とした夢でしかありませんでした。市立習志野《ならしの》高では2年夏に甲子園に出場しましたが、体も小さかったので、スカウトの目にとまることもなかったようです。ところが運良く、阪神が入団テストを受けさせてくれて、拾ってくれることになりました。ドラフト6位指名でしたが、今なら育成選手のような形の契約になったかもしれません。プロに入れるなら、どの球団でも良かったので、本当にうれしかったです。

ただ、プロ野球選手という夢がかなって、希望に満ちあふれていたかと言えば、そうではありません。巨人のONに憧れて始めた大好きな野球に、どこかで決着をつけないといけないと感じていました。野球を続けるためじゃなくて、野球を辞める場所、あきらめる場所としてプロ野球が一番ふさわしいと思っていました。

高校を卒業した後、大学や社会人で野球を辞めていたら、子どもの頃から憧れてい

たプロ野球選手になりたいという気持ちをずっと引きずる気がしていたのです。

阪神に入団できたことで、目標であったプロ野球選手になるというゴールテープは切ることができました。でも、周りの選手と比べても体が小さく、1軍でのプレーをイメージすることは難しかったのです。次の目標は、いかに納得して辞めるかだけです。決めていたのは、後悔しないように目いっぱい練習しようということでした。「もう、これ以上練習できない」という毎日を続けて、それでクビだと言われると、あきらめがつくと思ったのです。父親からは少年時代から口酸っぱく「準備」、つまり練習の大切さを教えられてきました。その教えを胸に、入団してから1日たりとも準備を怠ったことはありませんでした。

長嶋さん最後の1年にルーキーデビュー

練習に明け暮れた私に1年目のオープン戦から、チャンスが巡ってきました。野球の神様がいたのです。忘れもしない1974年3月21日の鳴門《なると》（徳島県）での太平洋戦でした。正遊撃手の藤田平《ふじたたいら》さんが結婚式のために休み、遊撃に抜擢《ばってき》されると4打数2安打2打点。相手エースの東尾修《ひがしおおさむ》さんから2本のヒットを打てたのです。さらに3日後の24日の近鉄戦では三塁の野田征稔《のだゆきとし》さんが家族の不幸で欠場したことで、スタメンで出場して4打数4安打。またも大きくアピールできたことで、当時の金田正泰《かねだまさやす》監督が開幕してからも「掛布を1軍で育てる」方針を決めたのです。

私のルーキーイヤーは、長嶋さんの最後の1年でした。今振り返ると、野球人生の一番の宝物は、ONのいる巨人と戦えたことです。小学生の頃に憧れた、あの長嶋さん、王さん、この2人がいる巨人と、阪神の縦縞のユニホームを着て戦えるなんて夢のようでした。同じ空間の特等席でプレーを見ることができたようなものですから。

2023年のペナントレースで阪神タイガースが18年ぶりにセ・リーグのペナントレースで優勝、さらに38年ぶりの日本一にも輝いたことで、前回、日本一になった1985年のチームで四番を務めていた私にも、たくさんの取材やインタビューのお声が掛かりました。

この本では、私がプロ野球人生で体験した「伝統の一戦」、タイガースとジャイアンツを中心に、出会ってきた先輩選手や監督、コーチについて、また、後に続く後輩への思いについても、語っていこうと思います。二つのチームのファンはもとより、多くのプロ野球ファンに楽しんでいただけたら嬉しく思います。

目次

本文ＤＴＰ／今井明子

虎と巨人

取材・構成／島尾浩一郎（報知新聞社）

I

レジェンドたちの記憶

田淵幸一、後藤次男監督と（1978年）

V9を阻止していれば阪神の歴史は変わった

私の入団1年目は巨人の連覇が終わった1974年です。そして、この年、V10を阻止したのは阪神ではなく、中日でした。この事実は、阪神のその後の歴史を大きく左右します。前年のリベンジすら果たせなかったのです。1973年こそ、阪神と巨人の関係を語る上で大きなターニングポイントとなるシーズンでした。巨人の9年連続日本一、いわゆる「V9」は宿命のライバルとして阪神が阻止しなければいけませんでした。残り2試合で引き分けでもOKの優勝マジック1の圧倒的有利な状況だったのですから。

1973年の残り2試合を振り返ります。優勝に王手をかけた10月20日の名古屋での中日戦は、エースの江夏豊《えなつゆたか》さんを先発に立てましたが、星野仙一《ほしのせんいち》さんの前に打線が沈黙して2－4で敗戦。続く10月22日の甲子園でのシーズン最終戦は、巨人との直接対決で勝てば優勝という大一番になりました。結果は0－9で惨敗。暴徒化した阪神ファンがグラウンドになだれこみ、巨人ベンチを襲撃。胴上げも行われない異様な事態となりました。

中日戦・先発の「謎」――真相は藪の中

「謎」として残るのは、中日戦に8勝1敗の上田二朗（次朗）さんを最終戦に回し、名古屋で相性の悪かった江夏さんを先発させたことです。後に江夏さんから驚くべきことを聞きました。球団首脳から「負けてくれ、勝たなくていい」と、中日戦の前に頼まれたというのです。優勝すると選手たちの年俸が上がるなど、お金がかかるからのようでした。江夏さんは「ふざけるな」と席を立ったそうです。もちろん、選手としては受け入れられるはずがなく、信じがたい話です。そんなことが本当にあるのだろうかと、私も当時在籍した他のＯＢの方々に聞きました。田淵さんは「いや、俺も分からない」と首を振り、先輩方に聞いても真相は藪の中です。すべて知っているのは、鬼籍に入った金田正泰監督と球団首脳の方だけでしょう。

田淵さんが言うには「もしも阪神が73年に優勝していたら、オレや江夏の野球人生は変わっていた」と言います。阪神の歴史の中で、汚点とまでは言わないまでも、間違いなくターニングポイントになったのです。優勝していれば、私がそのオフにテスト生として入団することもなかったのかもしれません。まだV逸のショックを引きずる阪神に入団した私は18歳の若造ながら、チームがひとつになってペナントレースを戦うような雰囲気は感じ取れなかったのです。

阪神は個の力を結集できず

当時の阪神というチームは強烈な「個」の集まりでした。ひとつ、ひとつの「個」の活躍でオールスターまでは、巨人をも圧倒します。ところが、甲子園を高校球児に明け渡す「死のロード」ぐらいから歯車が狂い始めるのです。8月、9月の本当の勝負どころでチーム一丸となる巨人には勝てなかったのです。いくら大きな個でもバラバラで戦っていては、巨人という強大な敵を倒すことができないのです。

当時のチームを象徴するようなエピソードがあります。江夏さんが「野球は一人でもできる」と豪語したとされるのも1973年のことです。8月30日の中日戦（甲子園）で延長11回にサヨナラ本塁打を放ち、ノーヒットノーランを達成の離れ業を演じました。記者の「野球は一人でできますね」の問いかけにうなずいただけのようですが、「一人でできる」は絶対的なエースの江夏さんの「個」を表すような言葉です。

1973年の阪神は江夏さんが24勝、上田二朗さんが22勝。野手では田淵幸一さんが37本塁打、90打点。これだけの個人成績を残しても、巨人に優勝をさらわれたのです。そして翌年はこれだけのメンバーをそろえていながら勝率5割を下回り4位に終わるのです。

憧れの長嶋さんと夢のような時間

私が阪神に入団して、初めて長嶋さんを見たのは後楽園での試合でした。三塁ベンチから右打席に立つ長嶋さんの後ろ姿は、少し違和感がありました。背番号3の長嶋さんの背中は大きいのに、お尻に張りがなく、失礼ながら少し垂れているように感じたのです。現役最後の年でかつての迫力がなかったのです。ちょっと寂しさを感じました。

次に長嶋さんを見たのはホームの甲子園での試合でした。試合開始前に長嶋さんが王さんと三塁ベンチ前で素振りするのを一塁ベンチから見て驚きました。奥のベンチが見えないぐらい2人が大きく見えるんです。いざプレーボールして、正面の一塁ベンチから見る右打席に立った長嶋さんは、やっぱりオーラが違いました。「これが長嶋さんか。すごい」と。少年時代にテレビで見ていた通りでした。後楽園で見た寂しい後ろ姿とは違うのです。

私のプロ初ヒットは1974年5月21日の巨人戦（後楽園）でした。勝ちが見えている展開で9回の代打でした。金田監督が三塁を守っていた後藤和昭《かずあき》さんに「掛布を使いたいので、少し休め」と言って、送り出されたのです。投手は高橋善正《よしまさ》さんでした。無我夢中でバットを振ったら、運良く左中間に飛びました。私の足だったら三塁は狙えない打球でしたが、三塁ベースの前にあの長嶋さんが構えているんです。「おいで、おいで。掛布君、来なさい」と呼んでいるように見えました。結果はもちろんアウトです。滑り込むまでもなく、楽々でした。でも長嶋さんにタッチされたことが、うれしくてたまりませんでした。当時の私にはまだ打倒・巨人の思いなんてありません。ただ、憧れの人と野球をできる喜びしかなかったのです。

電話越しの素振り指導

長嶋さんは同じ千葉県出身ということもあってか、グラウンドで、優しく話しかけてくれるようになりました。「年はいくつだ?」「18歳です」「そう、若いね」と。雨が降った後の甲子園で砂を入れていると、「今日はできるか? 掛布君」と、声を掛けてくれたりもしました。主力に成長してからも本当に良くしてくれました。1979年オフに私の結婚式でスピーチしてくださったときは涙が出ました。「掛布くんには数多いホームラン打たれて悔し涙も流しました。ただ彼は、同じ千葉という郷土が生んだ私の後輩。多くの拍手を心の中で送っているファンのひとりです」と言ってくれたのです。

打撃不振のときは自宅に電話を掛けてきてくれたこともありました。「バットはあるか? 構えて、振ってごらん」と。長嶋さんの頭の中には私の理想とするスイングがあったのでしょう。電話越しで見えていないのに「それだ!」と。その言葉に勇気づけられ、吹っ切れる部分がありました。

スーパースターの長嶋さんとコミュニケーションが取れるようになり、プロ野球選手になった実感がわきました。そうなると、欲が出てきます。野球を辞めるために入団した阪神でしたが、もっと長嶋さん、王さんたちと野球をやりたいと気持ちが変わり、さらに成長すると、このチームを倒したいと変わっていくのです。

長嶋さんが引退するとき、最後の甲子園の雄姿も覚えています。確か4打数3安打だったと思います。3本目のヒットを打った後、代走に富田《とみた》勝《まさる》さんが送られました。長嶋さんはダイヤモンドを横切って三塁ベンチに戻るのではなく、一塁側のファウルゾーンから阪神ベンチ前を通っていきました。スタンドに帽子をとってファンに掲げると、阪神ファンもスタンディングオベーションです。「長嶋、ありがとう」という声が飛んでいました。そして、サード側のファンの前でまた手を上げて、ベンチにスーッと下がっていく背番号3がまた絵になるのです。ルーキーの私は「阪神ファンまで魅了するこの人は、どういう野球をやってきたんだろう」と思いを巡らせながら、「あぁ、プロ野球の一時代が終わる」という寂寥感にさいなまれていました。

巨人戦は特別な雰囲気

今でこそ、どのチームと対戦しても甲子園は満員になりますが、我々の現役時代は巨人戦だけでした。ファンの熱気で甲子園という舞台が違うものに変わります。我々、ホームチームが練習している頃は、まだそれほどファンも入場していないのですが、ロッカールームに戻って簡単な食事などして、1時間ほどでしょうか。プレーボール30分前のシートノックの頃にはスタンドが全く違う景色になっているのです。

初めての巨人戦のスタメンは1974年5月28日の甲子園で、一塁選手として出場しました。先発はエースの江夏さんでした。練習のときは巨人戦といってもいつもと変わらないなと思っていたのですが、シートノックのときに「アレ？　いつもと違うな」と。そして、プレーボールの頃には満員です。スタンドが揺れるような感じがするのです。おじけづいてしまい、一塁のベンチ前へのファウルフライにも足が動きませんでした。目の前にボールがポトリと落ちて、江夏さんから「何やっているんだ」とにらまれたのは苦い思い出です。

王さんから教わったホームランの極意

若い頃、通算868本塁打のプロ野球記録を持つ王貞治さんが極意を教えてくれました。「掛布君、ホームランの数を増やすのに必要なことは、バットを振ることではなく、ボールを見極める我慢だよ。ホームランを打てるボールが来たら振る勇気を持ちなさい。そして、そのボールを仕留める技術を身につけなさい。これがないとホームランは増えません」と言うのです。王さんの残した数字がそれを実践したことを物語っています。驚くことに四球数は毎年、試合数と同じぐらい稼いでいるのです。1974年の158四球は今でもシーズン最多記録です。130試合制の時代なので、現在の143試合制なら170は超えていたでしょう。一振りで仕留める技術もまさにその通りで、ファウルが少ない打者でもありました。

プロでもボールの見極めが下手な選手がたくさんいます。巨人の阿部監督と話したときに「練習では打つことが大切。試合では見極めることが大切なのに分かっていない」と嘆いていました。確かに私も練習ではボール球も打ちますが、試合では振りません。ボール球にスイングをかける場合は、自分の中でストライクと思って勝負しているわけです。たとえワンバウンドの球を振っても、気持ちの中ではストライクを打ちにいっているのです。試合を見ていて「本当にストライクと思って振っているのだろうか」と思うことがよくあります。

王さんの目が怖くなくなった年

見極めの達人の王さんは打席で鷹のような目で投手をにらみつけます。一塁を守っているときですら眼光は鋭く光っています。出塁しても目を合わせるのが怖いぐらいです。「おはようございます」とあいさつすれば、「おはよう」とは言ってくれるのですが、怖くて目を見られないほどです。四球で崩れそうな投手がけん制を一塁に入れた後は「しっかりせんか」と全力で投げ返すなど、とにかく勝利への執念がすごいのです。

そんな王さんの目が怖くなくなった年があります。長嶋さんが引退された翌年の1975年です。ホームランを打った後に三塁ベースを回る王さんが笑っているように見えたのです。「今年は楽にやるんだ」みたいな感じでした。その年はV9が終わった翌年で、長嶋さんが引退。川上さんに代わり、長嶋さんが監督に就任していました。王さんだけでなく、巨人というチーム全体に張り詰めていた糸がぷつんと切れたかのようでした。王さん自身、74年の打率3割3分2厘、49本塁打、107打点から、75年は打率2割8分5厘、33本塁打、96打点と大きく数字を落としました。チームは巨人史上初めて最下位に沈み、王さんも13年続いた本塁打王のタイトルを田淵さんに奪われたのです。

ところが王さんのすごいところは翌年には、あの鷹の目が戻り、再び本塁打王のタイトルを取り返すところです。長嶋さんも監督2年目で動きました。日本ハムとのトレードで張本勲さんを呼び、チームを活性化させたのです。そして、最下位から優勝を果たし、また強い巨人が復活しました。王さんが楽な表情で野球やったのはその1年だけでした。

一度もない阪神V・2位巨人

王さんの1球に懸ける集中力は、巨人という勝利が宿命づけられたチームを背負う主砲としてのものでした。「絶対に勝たないといけない」という空気は阪神も含めて他のチームにはないものです。田淵さんが1973年に優勝していれば、「俺の野球人生が変わっていた」というのは、そこなんだと思うのです。チーム一丸で戦う常勝軍団の巨人と、個がバラバラで戦った阪神。田淵さんの打席は優雅さが魅力ですが、王さんのような厳しさはありませんでした。絶対王者として君臨していた巨人のV9を阻止していれば、勝つ味を覚えた田淵さんが、王さんや長嶋さんのように本当のチームリーダーとなり、阪神を常勝軍団に変えていたかもしれないのです。

2023年の阪神は18年ぶりにリーグ優勝を飾り、1985年以来の38年ぶり日本一に輝きました。巨人は4位で一度も優勝争いに絡むことはできませんでした。阪神の6度のリーグVで2位・巨人という並びは歴史上1度もありません。阪神は何度もマッチレースで涙を飲んできましたが、逆に阪神がゴール前の競り合いで巨人に勝ったことは1度もないのです。あの1973年のマジック1からのV逸の悔しさをいまだに払拭できていないと言えるのです。

伝説の左腕・江夏さんがおごってくれたステーキ

Ｖ9巨人に強烈な個でぶつかった阪神ですが、ひときわ強い個が江夏豊という投手でした。今もプロ野球記録として残る「シーズン401奪三振」、「オールスター9連続奪三振」、「江夏の21球」など数々の伝説を持つ球史に残る投手です。1976年の1月に南海にトレードとなり、一緒にプレーできたのは2シーズンだけでしたが、大きな財産となりました。

江夏さんはなぜか最初から目をかけてくれました。初めて会話したときのことをよく覚えています。1年目の開幕前でした。放送局主催でファンを集めての激励会があり、私はメンバーに入っていませんでしたが、江夏さんが「お前も今日の激励会に参加しなさい」と言うのです。そして、激励会が終わった後に「掛布、飯食いに行くぞ」と声を掛けられました。雲の上の存在の方に誘われ、「はい」としか言えません。慌てて球団マネージャーに「江夏さんと食事に行くので、寮に電話しておいていただけませんか」と。連れて行ってくれたのは北新地のステーキハウスでした。目の前の鉄板で焼いてくれるのですが、店内に大きな池があって錦鯉が泳いでいるような店です。ステーキを目の前でササッとシェフがサイコロみたいに切ってくれて、千葉ではそんな店に入ったことがありませんでした。「好きなだけ食べろ」と言われても、どうやって食べていいか分からなかったのですが、「いただきます」と口に入れた味に感動しました。

江夏さんはお酒を飲まないので何を飲んでいたのか忘れましたが、私は18歳でカルピスです。そんな私を見て、江夏さんは「頑張らなきゃだめだぞ」と激励してくれました。プロで活躍するとこんなおいしいお肉が食べられるのかと思ったのです。その後も、東京遠征などでよく食事に連れて行ってくれました。同じユニホームを着たのは2年だけでしたが、今でも弟分のようにかわいがってくれています。

引退するまで振り続けた田淵さんのバット

私が入団した1974年のタイガースは、投の柱が江夏さんなら、打の柱は田淵さんでした。田淵さんは1978年11月に西武にトレードされました。日付が変わった夜中に球団に呼び出される「非情の通告」。功労者に対する非常識な仕打ちに田淵さんは男泣きしました。私が同じユニホームを着てプレーできたのは5年間でした。

球団を去るときに「江夏もオレも出て行くけど、お前は最後まで縦縞のユニホームを着なければダメだぞ」の言葉をもらいました。あれほど美しい放物線のホームランを打つ打者は田淵さんを置いてほかにいません。王さんのライナー性の打球と違って、フワッと高く舞い上がって落ちてこない打球です。生粋のホームラン打者でした。そして、四番打者としての立ち居振る舞いのすべてを教えてくれた人でした。

私が遠征に必ず持参していた素振り用のバットは、入団1年目に田淵さんの自宅に食事に招かれたときに譲り受けたものです。部屋に入ると、バットが20～30本ぐらい並んでいたと思います。「好きなバットを持っていっていいから」と言われ、2、3本頂いたのです。試合でも使いたかったのですが、普段使っていたものより0・5インチ長い34・5インチのバットを使いこなすことはできませんでした。でも、振れば風を切るいい音がします。何より、憧れの大先輩から頂いたバットです。素振り用にすることを決め、33歳で引退するまで、夜の素振りはそのバットを振り続けました。

田淵さんの存在を感じながら、何万回振ったことか。遠征でも常に手に携えていきました。荷物車でバットケースを入れて運ぶと、その日のうちに届かない可能性があります。バットを振っておかないと怖かったので、常に手元にスイング用のバットを置いておきたかったのです。

田淵さんのトレードが転機に

素振りで使ったのは田淵さんに頂いたバットだけです。王さんのように、右足を上げて一本足で振っていました。小さい自分の体で最大限のパワーをボールにぶつけるためにはどうしたらいいか。体重移動のパワーを使うしかなかったのです。小さい体で、動きの少ないスイングではボールに負けてしまうのです。王さんはタイミングを早めにとるための一本足打法でしたが、私は軸足に体重を感じ、踏み込んだ右足に一気に移すための一本足です。田淵さんのバットで空を切ると、いい音がするのです。

田淵さんがトレードで出たことは、私の野球人生の転機となりました。いなくなって初めて、田淵さんという大きな温室の中で野球をやらせてもらっていたと感じたのです。四番打者の孤独、プレッシャーを初めて知ったのです。

私は入団3年目の1976年に初めて規定打席に達して、リーグ5位の打率3割2分5厘、27本塁打、83打点の成績を残しました。三塁のベストナインにも選ばれ、大きな自信につながりました。周りから見られる目も含めて、環境が１８０度変わりました。当時は四番の田淵さんという大きな柱がいるいない関係なしに、成長できたと錯覚していました。でも田淵さんという存在がなければ、もっと苦労していたはずです。

田淵さんがいれば四番は打たなかった

もしも、田淵さんがトレードされていなければ、私が四番を打つことはなかったと思います。体格から考えると、打率3割、20本塁打を毎年コンスタントに打ち続ける三番タイプでした。分相応の野球をしていたなら、もっと長く現役を続けていたでしょうし、違う野球人生があったかもしれません。どちらの道が良かったのか。そういう話を元監督の安藤統男《もとお》さんとしたことがあります。すると「田淵がいなくなり、四番打ったからこそ今のお前があると俺は思うよ。田淵がいたら、ここまで自分を追い込んで野球をやらなかったんじゃないか。ファンを熱狂させる掛布は生まれていなかった。いいも悪いもギャップがお前の魅力じゃないか」と。エリートコースとは真逆のテスト生のドラフト6位で入団し、小さい体で四番を務め、太く短くの野球人生でした。その泥臭さがあったからこそ、ファンが応援してくれ、いまだに覚えてくれているというのです。確かに通算２０００安打や５００本塁打には届きませんでしたが、その数字以上に皆さんの記憶に残る打者になれたことは幸せなことでした。

40本のホームランの代償

ただ、無理して四番の打撃を続けたストレスは、グラウンド外でもありました。１９８３年は全１３０試合に出場し、打率２割９分６厘、33本塁打、93打点でした。３部門とも前年より数字が落ちていたため、契約更改ではダウン提示でした。今の時代なら間違いなく大幅アップです。その年、チームメイトの真弓明信《まゆみあきのぶ》さんは１１２試合の出場で打率３割５分３厘、23本塁打、77打点。首位打者となり大幅昇給です。

真弓さんが上がるのはいいとしても、全試合に出場して、33本、93打点の私の給料が下がるのは納得できませんでした。球団社長に「それなら来年は１１０試合で契約してください。３割５分を打ちます。その代わり、ホームランは20本までです」と。

「そんなこと言わないでくれよ」と困惑していましたが、自分のやっている野球を理解してくれないもどかしさがありました。

左打者には不利な浜風が吹く甲子園球場で、私のサイズで40本のホームランを目指すには、体にかなりの負担がかかります。これは負け惜しみではなく、当時は常にタイトルを争っていた山本浩二さんの広島球場や、甲子園以外の球場では打球を上げさえすればスタンドに入る感覚でした。ライトに打とうとか、方向も考えず、センター方向に外野フライを打つ感覚でホームランになれば、これは楽です。川崎球場を本拠地に、1985年、86年にロッテで2年連続三冠王になった落合博満《おちあいひろみつ》さんも、まさにそんな感覚で打っていたのではないでしょうか。

衝撃的だった空白の1日

田淵さんがトレードで移籍した1979年は、同時に小林繁《しげる》さんが巨人からトレードで加入したシーズンでもありました。そしてこれにかかわるのが、私と巨人との関係を語る上で切り離せない江川卓《えがわすぐる》という投手です。

プロ野球の歴史的な事件となった「空白の1日」を簡単に振り返っておきます。作新学院で怪物投手として全国に名をとどろかせた江川は1973年秋のドラフトで阪急からドラフト1位指名を受けましたが、これを拒否。後に本人から直接聞いた話によると、「仮に巨人に指名されても行かなかったと思う」と言います。東京六大学の早慶戦への憧れがあり、早稲田か慶応に進学したかったのが理由です。

ところが、ここからまた紆余曲折あり、受験に失敗する形で法政大に進学。六大学野球でも数々の記録をつくり1977年秋のドラフトではクラウンライターライオンズ（西武ライオンズの前身）から1位指名を受けますが、またもや意中の球団ではなく入団を拒否。1978年のドラフト前々日の11月20日で独占交渉権が切れると、何と翌日の21日に巨人と電撃的に入団契約を結び、入団会見まで行ったのです。

世間が騒然とする中で巨人がボイコットした22日のドラフトでは阪神、南海、近鉄、ロッテの4球団が江川を1位で指名し、阪神が交渉権を獲得しました。彼とは同い年で、同じ関東出身です。阪神で一緒に野球ができれば楽しいだろうなとは思いましたが、入団しないというのは若造ながら理解していました。阪神は巨人の長嶋さんの永久欠番へのあてつけのように、江川に背番号3を用意したのも驚きでした。

国会まで巻き込んでの騒動は結局、翌年の春季キャンプ前日の1月31日に巨人の小林繁さんと江川とのトレードで決着。当時の阪神の球団社長は小《お》津《づ》正《しょう》次郎《じろう》さんで、その剛腕ぶりに「オヅの魔法使い」の異名をとる人物でした。裏でどんなやりとりがあったかは、分かりませんが、トレードで巨人のエース格の小林さんが阪神に来るというのですから仰天しました。

小林繁さんの「阪神には歴史はあるが伝統はない」に発奮

小林さんは途中合流した高知・安芸《あき》の春季キャンプで、「阪神には歴史はあるが伝統はない」と初対面の選手たちを前に口にしたのです。私は自分だけでなく先輩達までバカにされたように思い、殴りかかりたいほどの怒りがこみ上げました。後で振返ると、自身とともに、新しいチームメイトを奮い立たせるための言葉だったのでしょう。でも、当時の私は球界の盟主として君臨していた巨人から移籍してきた人の言葉に過剰に反応したのです。世間の風潮も江川がヒール役で、小林さんが悲劇のヒーローという感じでした。私は黒船襲来のように感じていました。江夏さんに続いて田淵さんまで退団し、小林繁という男に阪神を乗っ取られるような気持ちになったのです。

実際にその1979年のシーズンで私が一番意識したのは、巨人に入団した江川卓ではなく、味方の小林さんでした。チームメイトなのでライバルではないのですが、田淵さんが抜けた阪神を守るため、自分が新しい大黒柱になるためにも、小林さんに負けられないと思いました。年齢は3つ下でしたが、生え抜きの意地がありました。小林さんのあの言葉への反発心があったからこそ、本塁打王となる48本のホームランにつながり、中心打者として成長できたのです。

1979年の小林さんの鬼気迫るマウンドでの姿が今でも鮮明に覚えています。巨人戦は3度の完封を含む8連勝をマークするなど、22勝9敗、防御率2・89で2度目の沢村賞を獲得しました。当時の小林さんはチームの勝利より、男のプライドをかけてのマウンドだったのではないでしょうか。ピンチの場面でもチームメイトを寄せつけないオーラを放っていました。「カケ、大丈夫だ。マウンドは俺が守るから、ピンチになっても来ないでいいから」と言うのです。

でも、試合後はみんなとお酒を飲んだり、麻雀をしたりと、プライベートではチームに溶け込もうと努力していました。それと、思い出すのが小林さん専用の「おむすび」です。「試合前におむすびを二つぐらい食べる」と言って、銀紙みたいなものに包んだものを球団に用意してもらっていました。毎試合、完投が期待される投手で、おにぎりがパワーの源だったのでしょう。

マジック1からのV逸

小林さんが最多勝の22勝で沢村賞に輝き、私が48本塁打でタイトルを獲得。打率3割2分7厘で95打点でした。チームには投打に二つの大きな柱がありながらBクラスの4位。結局、小林さんも江夏さんや田淵さんと同じく強烈な個ではありましたが、個の力を結集して戦うチームにはなれなかったのです。これこそ、まさに小林さんの言うところの「伝統のなさ」です。そして、行き着くところは1973年のマジック1からのV逸なんです。

その1979年の監督はブレイザーでした。先発ローテは小林（22勝）、江本孟紀《たけのり》（12勝）、山本和行《かずゆき》（8勝）、工藤一彦《くどうかずひこ》（7勝）という面々でしたが、チーム防御率はリーグ5位の4・15。ブレイザーは就任2年目に向けて投手の補強を球団に頼みましたが、ドラフト1位で獲得したのは早大の内野手・岡田彰布《あきのぶ》でした。

振り返ってみると、先発陣は個性派ばかりです。江本さんは後に「ベンチがアホやから野球できん」という発言を残してチームを去りましたし、山本和さんも1985年のキャンプ前に「一人で野球できる」的な発言をして、私も怒って「ボールを捕りませんし、全部三振しますよ」とやり返したことがあります。しっかり和解はしましたが、チーム一丸とはほど遠い状況でした。優勝の喜びの味を知らないから、結束できなかったのです。

グラウンド外でも差を見せつけられた巨人の剛腕

勝つことが宿命づけられた巨人は昭和、平成の時代に、グラウンド外での剛腕ぶりも際立っていました。江川の「空白の１日」は強引すぎましたが、巨人にしかできない芸当です。ドラフト制度やＦＡ制度も巨人が首を縦に振らないと始まらない面がありました。長嶋さんが引退した後に張本勲《はりもといさお》さんを獲得したトレードにしても、他球団の選手たちは「憧れの巨人」で働くことを意気に感じていました。一方、私の現役時代の阪神では、フロントの方々から「何が何でも優勝する」という気概を感じることができませんでした。

１９９３年のオフに導入されたＦＡ制度も最も恩恵を受けたのが、人気も資金力もある巨人だったのは間違いありません。近年こそＦＡで狙った選手を獲れない状況になってきていますが、一昔前は巨人から声がかかれば喜んで加わる選手が多かったのです。

ただ、今も昔も言えるのは巨人が優勝するときは、生え抜き選手が活躍の中心にいたという事実です。お金だけで常勝軍団をつくることはできないのです。

ドラフト1位が全員ベンチだった阪神

2023年に38年ぶりの日本一に輝いた阪神のように、1番・近本光司《ちかもとこうじ》、三番・森下翔太《もりしたしょうた》、四番・大山悠輔《ゆうすけ》、五番・佐藤輝明《てるあき》とドラフト1位選手を並べて勝つチームをつくるのが最もシンプルで理想です。何年か前までは「ドラ1が育たない阪神」と揶揄《やゆ》されていただけに隔世の感があります。2018年だったでしょうか、私が阪神のオーナー付シニア・エグゼクティブ・アドバイザーとして当時の坂井信也《しんや》オーナーと巨人戦を観戦していたときのことです。オーナーがスコアボードのスタメン表を見てポツリと言うのです。「掛布さん、見てくださいよ、巨人のスタメン。ドラフト上位ばかりです。うちのメンバーを見てください。ドラフト1位が全員ベンチです」と。当時の巨人は長野久義《ちょうのひさよし》、坂本勇人《はやと》、阿部慎之助《あべしんのすけ》ら生え抜きのスター選手がチームを引っ張っていました。

阪神はドラフトで獲得した生え抜き野手が育たない時代が長らく続きました。首位打者、打点王、本塁打王の主要3部門の打撃タイトルを獲ったのは、私が引退してから2023年までの間、今岡誠《いまおかまこと》（2003年・首位打者、05年・打点王）だけです。これは人気チームの阪神の若手特有の甘えもあったのでしょう。少し頭角を現すとちやほやされてスポイルされる面は否めません。それと私たちOBが、後輩たちにしっかり背中を見せてバトンタッチできなかったことにも原因があります。強いチームは、いい選手がそろっており、どういう練習をしているのかなど、若手の目の前に最高の教科書がいるのです。

今岡が目覚めたのは、2003年に金本知憲《かねもとともあき》がFAで阪神に加わったシーズンでした。当時の監督の星野仙一さんが強引に金本を口説き落として、暗黒時代と呼ばれたチームを改革したのです。

II

我が愛するタイガース

後楽園球場で本塁打を放つ（1978年）

日本一の2年後から始まった暗黒時代

阪神は1985年に日本一になったあと、本当なら黄金時代を築くべきでした。当時の吉田義男《よしお》監督もそのつもりでした。「昭和50年代は広島の時代（リーグ優勝4度）だった。昭和60年代は阪神の時代をつくる」と言っていましたから。1985年は昭和60年です。私たちも60年代はタイガースの時代をつくる自信がありました。

暗黒時代への入り口は日本一翌年の1986年にありました。フロントも含めて慢心があったのかもしれません。大きな補強もなくスタートしたシーズンは大きなアクシデントがありました。エースの池田親興《ちかふさ》が故障で4勝止まり。何より、四番の私が4月20日に死球で左手首を骨折。復帰後も打撃のリズムを取り戻すことができませんでした。バースは2年連続三冠王となる活躍を見せましたが、前年のようなクリーンアップの爆発力はなくなり、３位でシーズン終了。そして、そのバースも長男の病気が原因で翌年の87年に退団。日本一からわずか2年後の１９８７年に最下位に沈んでしまいました。

野球にケガはつきものですし、死球そのものには恨みはありません。でも、あの死球は私のその後の野球人生だけでなく、阪神の歴史にも影響を及ぼしたのです。

暗黒時代のあだ花の亀新フィーバー

1987年に最下位となった吉田監督が退任すると、村山実《みのる》監督が就任。しかし、88年に6位、89年も5位に終わり、2年で退陣。90年から指揮をとった中村勝広《かつひろ》監督も2年連続最下位スタートと目も当てられない惨状が続きました。87年からの5年間で実に4度の最下位を経験したのです。

突如、躍進を見せたのが1992年のシーズンでした。真弓明信、岡田彰布、平田《ひらた》勝男《かつお》の85年の日本一メンバーから世代交代が進み、入団5年目の亀山努《かめやまつとむ》、3年目の新庄剛志《しんじょうつよし》が台頭。大方の予想を覆してシーズン最後まで優勝争いを演じ、「亀新フィーバー」が巻き起こりました。結果はヤクルトの優勝で、阪神は巨人と並ぶ同率2位でした。この年は阪神の歴史的な転換期でもありました。甲子園球場のラッキーゾーンを撤去したのです。後に打者が育たない球場として、タイガースを苦しめることにもなりました。

あと１歩で優勝を逃した悔しさを晴らすべき93年は４位に終わると、ここからさらなる暗黒時代に突入します。２００３年に星野仙一監督のもとで優勝するまで、実に10年連続Ｂクラスに沈むのです。しかも98年から２００１年までは４年連続最下位。まさに底なしの低迷でした。

この暗黒時代を外から見ていた私はＯＢの一人として責任を感じていました。後輩たちにうまくバトンをつなげなかったことです。１９８８年に33歳の若さで引退しましたが、92年まで現役を続けていれば37歳です。故障さえなければ、年齢的には十分にやれていたはずです。あの亀新フィーバーで沸いた92年のシーズンに自分が加わっていれば、違う結果に導けたかもしれません。いろんな経験を後輩たちに伝えることができたかもしれないと複雑な思いで見ていたのです。

野球人生を変えたデッドボール

死球で左手首を骨折した1986年に話を戻します。85年に初めて優勝を経験。しかも、中心選手としてフルイニング出場し、チームを勝たせることができた安堵感がありました。当時30歳で脂が乗った時期でした。今度はチームを勝たせるだけでなく、自分自身の野球をもう一回見直すつもりでした。タイトル争いで三冠王のバースと勝負するぐらいの状態に持っていき、自分の成績とチームの成績をイコールにしたかったのです。85年はチームの勝利を優先して、つなぎの打撃を意識した面がありました。86年は四番打者として多少、わがままな打撃を認めてもらおうと思ったのです。そのためのトレーニングも積んできましたし、実際に開幕してから、すごくいいスタートが切れました。今思うと、自分の打撃への過信に落とし穴があったのです。

4月20日のナゴヤ球場の中日戦でした。6回無死一塁。投げていたのは、ドラフト1位のサイド右腕・斉藤学《まなぶ》でした。中日ベンチから「頭に行け」という声が聞こえたように思いました。内角のストレートをライトスタンドに放り込んで、中日ベンチを黙らせたい。そんな気持ちで打席に立っていました。

初球は外角から甘く入ってくるスライダーだったと思います。普段ならそのスライダーを仕留めていました。でも、私の狙いはインハイのストレートをたたいて、中日ベンチを静まりかえらせること。斉藤投手がベンチの指示通りにインコースを突けるように、あえてストライクを一つあげたのです。そして、2球目です。球が頭付近に向かってきたのです。内角を狙い打つにしても、もっと謙虚に仕掛けていたら、よけられたはずでした。冷静さを欠き、内角に来るものと決めつけて打ちにいったので、反応が遅れてしまいました。

調子の良さも、私を傲慢にさせたのかもしれません。その前の打席では鹿島忠《かしまただし》から左中間席へ2試合連続の3号2ランを打っていました。「今年も40本は絶対に打てる」という手応えがありました。前の打席で左翼席に放り込まれた中日ベンチが「内角に行け」というのも分かります。来るなら来い、お前らを黙らせてやるという気持ちだったのです。若い斉藤投手をなめてしまった面もあります。これが星野仙一さんとかベテラン投手なら、同じコースに投げられても違う結果だったかもしれません。

四番の責任感で早期復帰が裏目に

試合前から強い四番を見せつける必要も感じていました。例年、スロースターターのバースですが、1986年の開幕当初は調子を崩してしまい、チームとしても黒星先行の苦しい戦いを強いられました。バースは開幕から12試合を経過した時点で、打率こそ3割4分2厘でしたが、わずか1本塁打、5打点。私が死球を受けた4月20日の中日戦も体調不良で欠場。実はその名古屋遠征で打撃コーチの竹之内雅史《たけのうちまさし》さんに食事に誘われ、お願いされていました。「シーズン前半のバースは当てにならないぞ。お前にかなり頼らなければいけない部分が増えるし、しんどいと思うけど頼むぞ」と。その言葉は胸に刺さりましたし、阪神の時代をつくるという吉田監督の思いに四番打者として応えるための使命感がありました。

85年の優勝はチームが勝つために私の我慢が必要でした。バースを打たせないといけない、岡田にチャンスを回さないといけない。そうすると、四番として求められるのは、三番のバースにストライク勝負させるための40本の本塁打と、岡田にチャンスメイクする１００個の四球を選ぶことなんです。結果は打率３割、40本塁打、１０８打点、94四球の納得できる数字を残せました。そして、86年はバースに主役を譲るのではなく、四番の力でチームの連覇を成し遂げるつもりでした。それだけに、バースの春先の状態の悪さが気がかりでしたし、監督やコーチの思いも受け止めていました。いろんなものをバカ正直に背負いすぎていたのです。

頭部付近に向かってくるボールはまるでバレーボールのように大きく見えました。１９７８年に頭部死球で入院したトラウマがあり、懸命に避けましたが、左手首に当たってしまいました。猛烈な痛みに襲われグラウンドに倒れ込みましたが、交代の選択肢はありませんでした。前年からフルイニング出場を続け、６６３試合連続出場も継続中でした。塁上で味方の長い攻撃が続く間、左手がどんどん腫れていくのが分かりました。投手交代のときにベンチに戻り、テーピングを強めにまき直してもらいました。痛みもどんどん増していました。守備に向かう際には手が腫れすぎて、普段はピタッとフィットするグラブに手が入りませんでした。チームメイトに外野手用のグラブを借りて、三塁を守ったのです。7回の打席にも立ちましたが、左手はバットを握れずに三振。大差で勝っていた試合展開だったので、吉田監督に交代をお願いしました。ベンチ裏でテーピングを切ると、一気に腫れが増しました。

試合中に名古屋市内の病院に向かい、レントゲンを撮ると骨折でした。でもギプス固定は断り、簡単な添え木みたいな処置で大阪に戻りました。翌日は阪大病院の先生と30分ぐらい問答しました。ギプスで固定すると、試合を休まないといけないので嫌だったのです。「痛みを我慢すれば、先生、出れるんでしょ。試合に出ますから、もうテーピングだけでいいです。痛み止めをください」と必死に頼み続けましたが、先生は許してくれません。納得しないままギプスで手首を固定されたのです。1981年の開幕から続けていた連続試合出場が663でストップしました。

最善の答えが「休んでいる場合ではない」だった

今のように複数年契約が当たり前の時代なら、そこまで無理はしなかったかもしれません。複数年の契約期間中は守られていると同時に、来年、再来年を見据えての行動となるでしょうから。でも、当時の私の頭の中はチームが連覇することしかありませんでした。バースの状態も悪いし、チーム状況も良くない。こんなところで休んでいる場合ではないと考えていました。全治は１か月と言われていましたが、５日ぐらいでギプスを外してもらうように頼んで、室内での練習を開始しました。実際にボールを打ったのですが、骨がまだ引っ付いていないので激痛が走りました。「やっぱり無理か。これはダメだな」と無念の思いで、トレーナーにテーピングしてもらいました。

それでも、２週間ぐらいで無理して試合に復帰したものの、やっぱり駄目でした。打撃のリズムが狂ってしまうと、野球の歯車がおかしくなりました。左手首骨折から復帰してから今度は守備で大きなケガを2度もしてしまい、出場は64試合にとどまりました。本塁打は新人のとき以来の一桁9本に終わりました。今振り返ると、ギプスで固定したときに、せめて2週間は我慢していれば良かったと思います。これは悔いが残る判断でした。でも連覇という大きな目標がある中で自分の立場を考えての最善の答えが「休んでいる場合ではない」だったのです。

ポスト掛布の候補だった清原

私の野球のリズムは翌年の1987年も戻らず、体もボロボロとなり88年限りで引退しました。チームは暗黒時代が始まるのですが、私の後継者がいれば、また違う歴史になっていたかもしれません。85年の日本一から3年後の早すぎる引退はスムーズな世代交代にも影響を与えたのです。

実は私の後継者として清原和博《きよはらかずひろ》を考えていた人がいました。1984年まで監督を務めた安藤統男さんです。僕が27、28歳ぐらいの頃でした。安藤さんに聞かれたのです。「カケ、お前はあと何年三塁を守ったらいいんだ」と。「何でですか」と聞くと、「PL学園の清原をドラフトで捕ろうと思うんだよ」と言うのです。安藤さんは、将来的に清原を三塁にして、私を一塁にコンバートするプランを持っていました。「そうしたらお前の選手寿命も延びるだろう」と言うので、「安藤さんにお任せします。一塁へのコンバートも喜んで受けます」と答えたのです。

安藤さんは、私のことも含めて中長期的なチームづくりを考えていました。ところが、まだ監督を続けるはずだった1984年オフに吉田義男さんと替わるのです。この交代劇の原因には私もかかわっているので、申し訳ない思いでした。1984年の本塁打王争いは中日・宇野《うの》勝《まさる》と37本で並び、最後の2試合は中日との直接対決でした。そこで、物議を醸した10打席連続敬遠があったのです。順位が決まった後のタイトル争いで勝負を避けることは珍しくありません。それが2試合続き、押し出し敬遠まで含まれたので目立ってしまったのです。

「タイトルを取る難しさを教えろ」という山本浩二さんの言葉

当事者としては勝負したかったというのが本音です。名古屋遠征の前に安藤監督に「カケ、どうする?」と聞かれたので、「勝負してください。僕は宇野に負けても構わないので」と答えていました。もともと宇野がシーズン終盤までホームラン争いを引っ張る展開だったのですが、少し前の広島遠征のときにタイトル争いのライバルの山本浩二さんにこう言われたのです。「俺はもう今年はタイトルを争うことはできない。宇野はこれだけリードしてるけども、カケ、お前は負けても構わないけど、タイトルを取る難しさは宇野に教えてあげないと駄目だぞ。それが、お前のやらなければいけない仕事なんだ」と。その言葉にも発奮し、10試合で6本ぐらい打って、宇野に追いついたのです。

私の中では浩二さんとの約束通り、宇野にタイトル争いの厳しさを示せたので、負けても納得の部分がありました。安藤さんも当初は勝負するつもりでしたが、中日の山内一弘《やまうちかずひろ》監督が名古屋遠征前に「絶対に勝負しない」と連絡してきたというのです。山内さんからすると、宇野は最初で最後のチャンスだからタイトルを取らせたかったと言います。「俺は宇野のおやじみたいなものだ。子どものタイトルを守ってあげるのは当たり前じゃないか」と。安藤さんは「それでは1打席だけ勝負させて、スタメンはやめましょう」と提案したようですが、それも駄目だと。宇野はショートでフルイニング出場していたのです。

10打席連続敬遠の裏側で

後で詳しくお話ししますが、私も山内さんは阪神時代にコーチでお世話になっていたので気心が知れています。「ヤマさん、勝負しましょうよ」と言うと、「勝負しても構わんぞ。お前、1球でいいか、4球でいいか、どっちだ？」と。結局、四球でなくても、死球だというわけです。外野からは「中日に関係なく、阪神の投手だけ勝負すればいいじゃないか」という声もありました。ただ、安藤さんは「相手が勝負しない、ウチだけ勝負すると。それで宇野にホームラン打たれたら、その投手の野球人生は終わるぞ」と言うのです。私だけでなく、投手のことまで守るために、敬遠という選択をしたわけです。実は安藤さんは中日の心変わりを期待して、私を四番ではなく初回に回ってくる三番に起用しました。相手の出方をうかがうためです。2死走者なしで回ってきましたが、案の定、歩かされました。

ペナントレースが終わった後は相当に風当たりが強かったです。ファンもいろいろ言いますし、マスコミの対応もひどいものでした。例えば、東京のテレビ局のキー局がインタビューしたいというので受けると、わざと女性を聞き手に送り込んできました。私を怒らせないためです。聞くのは本塁打王になったことより、10連続四球のことばかりです。私が「フォアボールの10個だけクローズアップしますけど、128試合で37本のホームランを打った評価は、あなたたちには全くないんですね」と返したら、その女性も真っ青な顔となり、インタビューは最初から撮り直しになりました。

監督の安藤さんへのバッシングもひどかったようです。翌年も監督を務めるのが既定路線でしたが、球団が裏で次期監督を模索。それを知った安藤さんが怒って、自ら退団を申し出たのです。新しい吉田義男監督のもとで1985年は優勝しましたが、想定より早い監督交代により、私の一塁コンバートと後継者問題は先送りとなりました。

土台をつくってくれた山内、中西の両コーチ

振り返れば、コーチの方々との出会いにも恵まれました。私の入団2年目の1975年に山内一弘さんが阪神の打撃コーチに就任しました。前にお話ししたように、後に、「10打席連続敬遠」の相手方、中日の監督となる方です。

現役時代は打点王4回、本塁打王2回、首位打者1回を獲得したスラッガーで、引退後は「教えだしたら止まらない」と称される熱心な指導で知られ、各球団を渡り歩いた名伯楽でした。間違いなく私の打撃の土台をつくってくれた人です。

「野球は底なし沼と一緒。野球に底があると思うなよ」という言葉を掛けてもらったのが印象に残っています。底なし沼だからこそ、底を見つけたヤツが最後に生き残るというのです。そのためにはとにかくバットを振り続けろと言われました。それで

「野球の底」を自分の足で探れというのです。お酒をたくさん飲んだり、女性と過ごして気分転換しても、何のプラスにもならない、と。山内さんは寮に住み込みでしたから、もう徹底的に振らされました。その熱心な指導があったからこそ、入団3年目に打率3割を打てたのです。

オールスターの心得

山内さんの現役時代はオールスターにめっぽう強く、3度もMVPを獲得するなど「オールスター男」と言われた方でした。私が初めてオールスターに選ばれると、オールスターの心得みたいなノートを引っ張り出してきて、いろいろレクチャーしてくれました。詳しい内容は忘れましたが、最後に言われたことだけ覚えています。「恥ずかしがらずに、分からないことや、疑問があれば先輩たちに聞いてごらん。答えてくれないかもしれないけど、素直にぶつけてこい。そのオールスターでの経験は野球を成長するためにすごくプラスになるから」と。今のように他球団の選手と合同自主トレをしたり、日本代表で一緒に戦う機会がありませんから、オールスターの舞台は貴重な経験でした。

1979年に打撃コーチに就任した中西太《ふとし》さんにも私の長所を伸ばしてもらいました。欠点は何も言わず、褒めて褒めて褒め倒して、選手を育てるタイプでした。だから、練習はきつくても、気持ちを乗せてくれるから楽しいのです。理論武装で接してくる山内さんとは違うスタイルでした。

この2人に打撃の土台をつくってもらいましたが、欲を言えば、順番が逆だったらもっと効果的だったと思うのです。山内さんの教えが難しすぎて理解できなかったことも多かったからです。言葉では理解できなくても、山内さんが実際に身振り手振りで形を示してくれて、目で覚えたのです。もう少し、大人になった後に教えてもらっていれば、もっと深いところまで理解できたかもしれません。

放任主義で日本一監督となった吉田義男さん

１９８５年の日本一のときは打ち勝ったチームではあるのですが、守り勝てるチームでもありました。そして、吉田さんほど攻める監督はいなかったです。リリーフ投手は打たれた翌日にすぐに使いますし、代打で打てなかった選手にも翌日にチャンスを与えました。その起用法というのは見事でした。

選手を大人として扱ってくれた監督でもありました。１９８５年の春季キャンプは暴力団の抗争事件があって、外出禁止になっていました。休日は、みんなやることもなく、チーム宿舎内で、たむろしてお酒を飲んだりしていました。僕が顔を出すと、ベテラン選手が「1か月もこんなのが続いたら息が詰まってしまう」と言うので、「ゴルフでもやらしてもらいましょうか。今から吉田さんの部屋に行って、話してきます」となったのです。

　それで吉田さんに「こういう状況なので休日のゴルフを認めてもらえませんでしょうか」と相談したのです。すると吉田さんは大人でした。「ちょっと待ってくれ。このキャンプのルールは、俺が決めたものは何かあったか？　門限もゴルフも全部、選手会に丸投げした。俺が決めたことであれば変えていいと言えるよ。でも、あなたたちが決めたことを破るのはどうなんだ？　この1か月間は、お前たちの決めたルールは守ってほしい」と言うのです。「分かりました」としか言えなかったです。確かに門限もゴルフ禁止もすべて自発的に決めたルールでした。

　20分ほどで話し合いが終えると、選手を集めて、監督の言葉を伝えました。そして「1か月は我々の決めたルールを守りましょう。そのかわり、キャンプが終わったら自由にしてくださいとお願いしました」と。吉田監督は約束を守る人で、キャンプの後は本当に自由でした。東京遠征で負けた後に宿舎に帰るバスの車中、吉田監督がマイクで「お疲れさま。きょうは門限なし」と選手が出ていきやすいようにしてくれるのです。宿舎の食堂でのお酒の料金もすべて球団で持ってくれるようにしてくれたり、選手が気持ち良くプレーできる環境をつくってくれました。当時の阪神は吉田派、村山派みたいなものがあり、吉田さんのことを悪く言う先輩もいましたが、私にとってはやりやすい監督でした。

野球選手の夜の時間

また、今とは違って昔の選手はよく遊びました。門限なしと言われると、本当に朝まで帰らないのですから。翌日の昼食会場で吉田監督と顔を合わせると、「おいカケ、お前たちはほんとに帰って来ないんだな」と苦笑いです。少し言い訳すると、野球選手の活動時間は普通の会社員の方と違うのです。ナイターを終えて、宿舎に戻って夕食に出かけるのが23時だとしてください。5時間、飲み食いしたら明け方に4時になるのです。会社員の方が19時から23時まで飲むのと同じことなんです。大体、顔を出す店も決まっていて、変なことにはなりません。酔っ払っても最後は選手同士で真剣に野球の話をしはじめます。仲間とリラックスできる時間が明日への活力となりますし、ヒントを得ることもあるのです。それにシーズン中は、ファンの目があるので関西では飲みに出かけることもありませんでした。

本当に吉田監督が大人として扱ってくれたので、我々もグラウンドでは逆にしっかり結果を出さないといけないとなったのです。「この監督には優勝させたくない」という選手が出てくればチームは勝てません。そういう意味では吉田監督の操縦法は素晴らしかったですし、岡田彰布監督もいいところを引き継いでいると思います。岡田監督も選手を大人として扱いますから。

そして、また今は監督が心配しなくても、朝まで飲む選手もほとんどいないと思います。銀座のクラブで飲むのがステータスというのもなくなってきたんじゃないですかね。私は24歳のときに結婚しましたが、今の時代なら現役の間は結婚しなかったと思います。我々の現役時代は野球に集中するために早婚の方が良いと言われていたのです。今はチームの顔となるような一流選手は、チーム○○という形で体のケアも食事もすべて完璧にやってくれますから、超一流の選手は晩婚の時代になるかもしれません。

ホームランが出ない甲子園球場

私が引退した後、阪神タイガースには本物の四番打者が育ちませんでした。ＦＡで広島から加入した金本知憲が四番としてチームを引っ張りましたが、彼のような選手が生え抜きでは出てこなかったのです。１９８５年のドラフトは安藤さんから吉田さんに監督が代わっても、清原を１位で指名しましたが、６球団の競合の末に取り逃がしました。外れ１位は八代《やつしろ》第一高の左腕・遠山昭治《とおやましょうじ》でした。翌年以降のドラフトでも将来の四番候補を獲得してきましたが、うまくはまりませんでした。

世代交代という面では巨人に大きく差をつけられました。巨人はＦＡ補強と絡めながら、生え抜きの中心選手で戦っていました。私の時代の原辰徳《たつのり》から、松井秀喜、高橋由伸《よしのぶ》、阿部慎之助、坂本勇人、岡本和真《かずま》と脈々と生え抜きの中心打者の系譜が連なります。その間、落合博満、清原和博、ラミレスら大物を補強しながら、同時に後継者もしっかり育てているのです。

阪神の四番問題は永遠のテーマとなりつつありますが。それはマスコミ、ファンの責任もあるでしょうし、原因は一つではありません。甲子園球場という球場にも原因があると思います。92年にラッキーゾーンを撤去した後は日本でも屈指のホームランが出にくい球場になりましたから。右翼方向へは逆風になる浜風で特に左打者には厳しい球場です。それと、私たちの時代は内野のスタンドまでが遠く、他の球場よりファウルフライが多かったのです。99年に就任した野村克也《かつや》監督も「ファウルフライが多い。これが阪神の打者が育たない理由だ。甲子園で打つ3割バッターは本物だ」と言っていました。２００８年の改修でファウルゾーンは他の球場と同じぐらいの広さになりました。

ラッキーゾーン復活で四番打者を

甲子園球場は大好きな球場ですが、打者が育たない球場であるのは確かです。ブレーザー監督（１９７９〜80年）の時代にもラッキーゾーンを外そうという話になったことがありました。ただし「武器である掛布のホームランは減らしたくないので、レフトだけ外そう」となりました。左右非対称の変形になりますが、ＭＬＢのレッドソックスの本拠地のフェンウェイパークにもグリーンモンスターと呼ばれる左翼の高いフェンスがあります。左翼と右翼が同じ広さでなくてもいいという話になったのです。結局は高校野球との絡みもあって実現はしませんでした。

　私は本気で四番打者を育てるなら、ラッキーゾーンを復活させる方がいいと思っています。ソフトバンクの本拠地ヤフオクドーム（現・福岡Ｐａｙ《ペイ》Ｐａｙ《ペイ》ドーム）もホームランテラスを設置して、ホームランが出やすくしました。高校野球も２０２４年のセンバツから低反発の金属バット使用でホームランが出にくくなるでしょう。もう一度、ホームランの出やすい球場にするための改修を検討するタイミングとなるかもしれません。

　打者が育つ、育たないは球場の環境もあります。１度でも30本塁打をクリアすると、周りの目も変わってきますし、大きな自信につながります。40本ともなるとなおさらです。でも、今の甲子園球場で左打者が40本を打つのは至難の業です。2021年にルーキーで24本塁打の佐藤輝明も、東京ドームを本拠地にしていたら1年目から30本をクリアしていたはずです。

甲子園球場では左中間席へ放り込むイメージが必要

1986年のバース以来、阪神から本塁打王が出ていないのも生え抜きのスーパースターを出現させにくくしています。92年のラッキーゾーン撤去後にホームランを30本の大台に乗せたのは金本（2004年・34本、05年・40本、07年・31本）、ブラゼル（10年・47本）だけで、生え抜き選手は一人もいません。

ボールの問題もあります。2000年～2010年までは反発係数の高いボールを使用しており、明らかな打高投低の時代でした。統一球が導入され「飛ばないボール」の2011年、12年の2年間を経て、今はまたボールが少し飛びはじめていますが、金本らの時代ほどではありません。

私の小さな体であっても、阪神の四番打者として求められたのは打率3割ではなく、ホームランでした。40本を打つためにどうすればいいかを日々考えて、バットを振り続けました。通算868本塁打の王貞治さんの日記に「センターバックスクリーンにホームランを打つイメージで打て」と記していたのが印象強く覚えています。長距離砲であっても打撃の基本はセンター返しというわけです。

でも、甲子園球場で左打者がホームランを量産するには、バックスクリーンではなく、左中間席へ放り込むイメージを持たないといけません。打撃練習ではショートの頭の上にいい打球を飛ばすことを意識していました。打率3割で20本塁打は簡単ですが、40本以上打って、なおかつ打率3割も維持するのは甲子園が本拠地では難しいのです。

開場100周年の甲子園は母であり父

四番打者には厳しい甲子園球場ですが、長年のホームですし、一番愛する球場であることに変わりはありません。我々の時代からスタンドの席数は1万以上減りましたが、スタンドの椅子を大きくして、体の不自由な方に対する配慮など、ファンに優しい球場になりました。

そして、2022年のシーズンからはLED照明を導入して、さまざまな照明演出が行われるようになりました。まるでライブ会場にいるかのような雰囲気で、エンターテイメントとしては素晴らしいファンサービスだと思います。一方で私は過度な演出には違和感を覚えてます。甲子園球場の最大の魅力であるクラシカルな部分を強調してもいいのではないかと思うのです。

オールスターとか特別な試合に関しては派手な演出も似合うのでしょうが、優勝争いの天王山の巨人戦で必要でしょうか。グラウンドのプレーでファンを喜ばせればいいわけですし、むしろ過度な演出はいらないと思うのです。最高の素材を生かすためには、調味料は少ない方がいい。

２０２３年のオリックスとの日本シリーズは第３戦から３試合とも甲子園の放送席や、記者席で見ましたが、地鳴りのような阪神ファンの声援に身震いしました。ナイター照明に照らされた美しいグラウンドと、あの大声援があれば甲子園球場は特別な舞台として成り立っているのです。

２０２４年8月1日には開場１００周年を迎えます。私にとっては母のような存在であり、父のような存在でもありました。習志野高で初めて足を踏み入れた甲子園は大きく包み込んでくれる母のような球場でした。阪神の本拠地として、プロ野球選手の掛布を父のように厳しく育ててくれた球場でもありました。野球少年なら誰もが一度は憧れる球場として、甲子園は唯一無二の球場です。

阪神園芸の神整備に感謝

もう少しだけ、甲子園球場の話をさせてください。

近年、「神整備」で有名になった阪神園芸ですが、グラウンドキーパーの方々には本当に頭が下がります。私は現役時代、本塁の後ろを回って、三塁のファウルゾーンから頭を下げてラインをまたいで守備位置に入りました。当時は藤本《ふじもと》治一郎《じいちろう》さんという伝説のグラウンドキーパーが仕切っていました。私たちは「じいやん」と呼んでいましたが、甲子園の神様のような方でした。当時は雨雲レーダーみたいなものはありませんでしたが、藤本さんが風の吹き方や雲の流れ方を見て天気を予測するのです。

試合開催が微妙なときには必ず「じいやん、今日はどうなの?」と聞いていました。「今日は打たなくていいぞ。5回まで持たないから」と言うと、プレーボールはかかっても、本当にノーゲームになりました。逆にポツポツ雨が降っていても「絶対できるから今日はしっかり狙っていけ」と教えてくれると、必ず成立するのです。

藤本さんの忘れられないエピソードがあります。イレギュラーした三塁ゴロが肩に当たったことがありました。大きなケガにはつながらなかったのですが、翌日、練習に出ると藤本さんが頭を下げにきました。「我々のグラウンド整備が行き届かなかったから、阪神の宝に大きな怪我をさせるところだった」と。私は「僕の技術がないから当たっただけですから」と恐縮しましたが、それ以降、心に決めました。プレーボールがかかる前にダイヤモンドの中にスパイクの足跡をつけてはいけないと。三塁のファウルグラウンドから回り込んで守備位置につくようになったのは、そのことがあったからです。ラインをまたぐ際の一礼はグラウンドキーパーに「ありがとうございます」という気持ちをこめていました。

余談ですが甲子園の内野のライン上の傾斜は我々の時代とは違います。昔は富士山の裾野みたいになっていたので、水が全部ファウルゾーンに流れるようになっていました。今は逆にライン付近が高くなっているので、ライン上にバントした球が切れないのです。私たちの時代は傾斜でファウルになっていました。それと、甲子園のグラウンドはセカンドとショートの後ろに水がたまるようになっているのです。当時、藤本さんがポイントを狙いすまして、太い鉄の杭をガンガン打ちつけると、水たまりの水が吸い込まれるようになくなっていくのです。まさに神業でした。現在、阪神園芸のチーフを務める金沢健児《かなざわけんじ》さんもその教えを受け継いでしますし、裏方さんもタイガースの伝統を支えているのです。

金本のＦＡ加入が阪神の野球を変えた

２０２３年の阪神の日本一は四番・大山の存在なしでは語れません。そう考えると、２０１６年のドラフト１位で指名を希望した金本知憲監督、そしてＦＡで金本を呼び寄せた星野仙一さんと、運命の糸がつながっていることを感じます。

２００２年オフに広島から移籍してきた金本は引退するまでの10年間で「走る野球」という財産を残しました。阪神の歴史を振り返ってＦＡ補強では一番の成功例です。巨人は度々、大物のＦＡ選手でチームを活性化し、脈々と続く生え抜きの中心野手にいい刺激を与えてきました。常勝チームづくりに必要な「仕掛け」です。ところが、阪神はなかなかＦＡ選手が活躍する土壌がありませんでした。

改革したのが、２００１年オフに就任した星野仙一監督でした。大量の血の入れ替えを行い、半ば強制的に金本を阪神に引っ張り込んだのです。「鉄人」と称される金本は1492試合連続フルイニング出場の世界記録を持つ選手です。星野さんは、彼の加入により他の選手に甘えをなくす狙いもあったはずです。痛いのかゆいのと言ってられなくなりますから。

そして、1002打席連続無併殺打のプロ野球記録に象徴されるように、常に一塁までの全力疾走を怠らない選手でした。彼の背中を見て育った鳥谷《とりたに》は同じように、試合に出続けて、全力疾走を怠らない選手となりました。その鳥谷を見て、スタイルを受け継いだのが大山です。2003年に加入した金本の走塁改革が阪神の38年ぶり日本一にも大きな影響を及ぼしているのです。これが、かつて小林繁さんが指摘した「伝統」の力ではないでしょうか。

私の時代もそうです。田淵幸一さん、江夏豊さん、藤田平さんらから強い影響を受けました。田淵さんたちもまた、藤村富美男《ふじむらふみお》さんや村山実さん、吉田義男さん……と脈々と受けつぐものがあったのです。そういう中で何年か一度、チームとして日本一に結実するのが、本来は伝統球団の強みとなるのでしょう。

その結実しなければいけないシーズンが前述のマジック1でV逸した1973年でした。そこで流れが途切れたため、花が開くのが1985年まで遅れたのです。そして85年の花も早く落ちすぎて、うまく伝統を引き継げませんでした。野村克也さん、星野仙一さんとOB以外から監督を招き入れ、2003年に花が開くのを待たないといけなかったのです。

野村、星野の外様監督で新しい風

阪神の歴史を振り返ると、野村克也さん（1999〜2001年）、星野仙一さん（2002年〜03年）と、阪神以外のOBが監督として新しい風を入れたことが転換期となりました。星野さんが2年目の前に半分ぐらい血の入れ替えを行いましたから。

その中の一人が広島からFAで獲得した金本でした。星野さんの剛腕で勝てるチームに変えたのですが、やはり一番大きかったのは金本の存在です。阪神の歴史で金本のようなタイプの選手はいなかったと思います。だから星野さんは、金本を広島から獲ることによって、チームの根っこの部分を変えたい気持ちがあったはずです。

古くは藤村富美男さん、田淵さんにしても私にしてもそうですが、阪神にはホームランを打てる四番打者像がありました。金本の阪神移籍1年目は三番でしたが、2年目に四番を打ちました。そして他の四番打者と何が違うかというと、先ほども言いましたが一塁までの全力疾走です。少年野球の頃からたたき込まれた野球の基本ではありますが、プロになると難しくなるのです。7割、8割では走りますが、1年通して全力で走るのは並大抵のことではありません。それを広島でトリプルスリーを達成した金本が加わり、走る意識を阪神に植え付けたのです。それが伝統として20年経っても受け継がれ、2023年の日本一につながったと思っています。四番の大山が「金本の野球」を実践したからです。連続フルイニング出場に代表される休まない野球もそうです。金本の姿を見て育った鳥谷敬《たかし》、鳥谷を見て育った大山と受け継がれてきたのです。

岡田監督に期待すること

2022年まで4年間指揮をとった矢野燿大《やのあきひろ》監督の財産も忘れてはいけません。すごくベンチが明るくなる野球をやり、いろんな選手を使いながら、3年連続Aクラスでバトンを渡しました。梅野隆太郎《うめのりゅうたろう》がケガで戦列を離れても、2番手の坂本誠志郎《さかもとせいしろう》がゴールデン・グラブ賞を獲得できる活躍でカバーしたのは、矢野監督が併用して使って経験を積ませたからです。近本光司も中野拓夢《たくむ》も佐藤輝明も、矢野監督のもとで成長した選手たちでした。その上で中野の遊撃から二塁コンバートや、ポジション、打順の固定による、岡田監督の「勝てる野球」が花を開いたのです。

前回日本一の1985年は、84年まで監督を務めた安藤統男さんがバースを獲得し、私や岡田を育ててくれて、土台を築いていました。そういう監督のバトンタッチが脈々と続くのが、小林さんの言うところの「巨人には伝統がある」ということだと思うのです。巨人の歴代監督は阿部で第20代です。一方の阪神は2度目となった岡田監督が第35代です。そして、日本一の回数は巨人が22回で、阪神が2回。この数字こそ阪神がバトンタッチをおろそかにしてきたことを物語っています。過去は勝てない理由をすべて監督に押し付け、トカゲのしっぽ切りのようにして、「伝統」がぶつ切りになってしまうことが多かったのです。

だからこそ2023年に2度目の日本一に導いた岡田監督は今までの阪神にない美

しい形で、次の監督にバトンを渡してほしいのです。２０２３年のシーズンで巨人・原監督は東京ドームの最終戦のあいさつに立ち、「マイクもすべて新監督に渡す」と阿部慎之助に託しました。巨人はずっとそういう風に監督交代の「引き継ぎ」がありました。ある意味では坂本勇人の遊撃から三塁、岡本和真の三塁から一塁へのコンバートも原監督の置き土産のようなものです。

岡田阪神の２０２３年のスローガンの「Ａ・Ｒ・Ｅ」の「Ｒ」はＯＢの方たちへのリスペクトという意味も込められているといいます。生え抜きの監督として日本一となった岡田監督は、今度こそ常勝球団として強固な土台を築いて、次の監督にバトンタッチしてほしいのです。

Ⅲ

伝統を繋ぐ巨人

バックスクリーン３連発（1985年）

球団創設90周年の歴史

巨人は2024年に球団創設90周年を迎えました。その10年前、80周年の開幕セレモニーは強烈に印象に残っています。東京ドームでの開幕の阪神戦は記者席で観戦しました。優勝シーズンのペナントが次から次に登場。センターの扉が開いて、映画の「フィールド・オブ・ドリームス」のように歴代の優勝メンバーたちがグラウンドにずらっと出てきたのです。2024年までのリーグ優勝の回数は38回で、日本一は22回です。優勝から遠ざかった期間は4年が最長です。つまり5年以上在籍した選手は100%の確率で優勝を経験しているのです。最下位も長い歴史で1度しかありません。

一方の阪神は2023年のリーグ優勝が6度目で、日本一はたった2回しかないのです。リーグ連覇も球団の歴史上、1度も経験していません。ですから、2024年は阪神の新たな歴史をつくる大事なシーズンとなるのです。日本一の翌年は2度目。私が死球で離脱し、チームが連覇を逃した1986年以来です。当時のVメンバーの岡田監督のもとで、伝統を紡ぎ直してほしいのです。

監督交代劇の違い

チームというのは監督が代わっても、伝統は受け継がれるのです。さきほどの大山が金本に育てられ、近本光司、佐藤輝明、中野拓夢らもまた、前任の矢野燿大監督に種をまかれた選手です。最後に仕上げたのは岡田彰布監督であるのは間違いありません。ですが、阪神が巨人と違うのは、前任者がまるで評価されないところです。1985年は吉田義男監督が日本一に輝きましたが、84年まで土台を築いた安藤統男監督の功績は忘れられがちです。2003年の星野仙一監督の優勝も、前任者の野村克也さんが暗黒時代と呼ばれたタイガースの畑を耕し、種をまいたからこそです。

阪神ＯＢとして巨人を見ると、監督交代の際のセレモニー的なものにも伝統の力の差を感じてしまうのです。２０２３年シーズンで退いた原辰徳監督と阿部慎之助監督の関係もそうです。東京ドームの最終戦で原監督があいさつし、そのマイクをバトンのようにヘッドコーチの阿部に渡しました。就任会見で前任者と同席するのも巨人の習わしです。そこに伝統の力を感じるのです。

背番号は選手の代名詞

阪神の伝統を考える上で歴代の背番号の扱いも寂しさを感じてしまいます。巨人の永久欠番は王貞治の「1」、長嶋茂雄の「3」、黒沢俊夫《くろさわとしお》の「4」、沢村栄治《さわむらえいじ》の「14」、川上哲治《かわかみてつはる》の「16」、金田正一《まさいち》の「34」の六つです。かたや阪神は藤村富美男さんの「10」、村山実さんの「11」、吉田義男さんの「23」と3つだけです。それ以外にも例えば巨人では堀内、桑田《くわた》、杉内《すぎうち》、菅野《すがの》ら歴代のエースが「18」を背負い、松井の「55」も次世代のスター候補の秋広《あきひろ》にしっかり受け継がれています。

例えば私の背番号「31」です。長嶋さんの「3」と王さんの「1」を一緒につけているような番号で頂いたときはうれしかったです。実は初めて打率3割をクリアしたときに「3」への変更を提案されましたが、断りました。誇りをもって大事に育てたかったのです。

もちろん、私が引退した後は誰につけてもらっても構わないのですが、雑に扱われるのはどうかと思うのです。江夏さんの「28」、田淵さんの「22」、藤田平さんの「6」、バースの「44」にしてもそうです。背番号は選手の代名詞です。功労者に対してのリスペクトをもって、球団がしっかり次世代に託してほしいのです。

「31」の行方

私が1988年の引退までつけた「31」は3年間空き番でしたが、91年のドラフト1位で入団した大阪桐蔭《とういん》出身の萩原誠《はぎわらまこと》が背負うことになりました。番号を提示された本人は「荷が重すぎます」と断ったらしいのですが、スカウトが「掛布がぜひつけてくれと言っている」と説得したのです。ところが私には連絡は一切ありませんでした。新聞記者から「お前、その話を知っているのか」と電話で聞かれたので、「そうなんですか。聞いていません」と言いました。その後に「31番をもう一度グラウンドで輝かせてもらうような活躍を、萩原君には期待したいです」などと素直な思いを伝えたのです。翌日の新聞の1面を見て、ビックリです。私が実際には球団から31番の扱いについて聞いていないし、萩原につけて欲しいとも言ってないことがクローズアップされたのです。萩原も「掛布さんに言ってなかったんですか……」とパニックです。私が彼の自宅に電話して母親に「僕は付けていただきたいと思っています」とフォローすることになったのです。

別に球団が私に対して断りを入れる必要はありません。ただ、かしこまった感じでなくてもいいので「カケ、31を今度のルーキーに渡すよ」と球団の方から事前に知らされていれば、「もちろん、つけさせてあげて下さい」でスムーズに終わっていた話です。

苦しむ原辰徳との忘れられない打撃談義

私より3つ年下の原辰徳は巨人の四番打者として意識する存在でした。長嶋さん、王さんと比較されるので苦しい面はあったと思いますが、伝統を継承して、立派に巨人の四番を守った打者です。打率、本塁打、打点の三部門の数字では絶対に負けたくなかったし、三塁のゴールデン・グラブ賞も渡したくありませんでした。巨人を倒す、原に勝つ、そのことが長嶋さんや、王さんに対する恩返しだと思っていました。

私が1988年限りで現役を引退した後も、原は1995年までプレーしました。晩年は代打を送られる姿に胸が痛んだこともあります。当時、日本テレビのスタッフに原と話をしたいと伝えると、長嶋監督の了解を得て、場を設けてもらいました。阪神戦の試合前に東京ドームに部屋を用意してくれて、打撃談義をしました。

原は両腕を絞り込むようにバットを握りたいけど、できないと悩みを打ち明けました。1986年に「炎のストッパー」と称された広島・津田恒実《つだつねみ》のストレートをファウルした際に左有鉤骨を骨折しており、それ以来、違和感がずっとあったというのです。私も思っていることをいろいろ伝えました。

その日の試合は解説を務めていたのですが、原が代打で出てきて逆転ホームランを放ちました。阪神戦でしたから、OBとしてはきつい一発でした。するとヒーローインタビューで「試合前にある方といろんな話をしまして、すごくいいヒントをいただきました」と、言わなくてもいいのに感謝の気持ちを表してくれました。確かに阪神と巨人はライバル球団ですが、勝ち負けを抜きにして、そういう交流はあってもいいと思うのです。現役を引退して、ユニホームを脱いでいる時ならなおさらです。

伝統の一戦を盛り上げたライバル江川との対決

私の現役時代は各チームに同い年に球界を代表する投手がいました。大洋の遠藤一彦《えんどうかずひこ》、広島の大野豊《おおのゆたか》、そして巨人の江川卓です。私と江川の対決は、阪神と巨人という枠を超えて、プロ野球ファンが楽しんでくれたと自負しています。私と江川の前は、長嶋さんと村山さんの対決や、王さんと江夏さんの対決もそうでした。伝統の一戦には語り継がれる「名勝負」と言われる対決がありました。今の時代は残念ながら、そういう対決がありません。そう考えると、私には宿命のライバルの江川という存在がいてくれて幸せでした。

江川は「空白の1日」と「阪神のドラフト1位」を経て、世間を騒がせての巨人入りでしたが、チームメイトとして優勝を目指しても面白かっただろうなと思うこともあります。彼のテンポのいい投球のバックで守っていると、打撃にもいい影響を与えてくれるのは間違いなかったでしょう。一度、守ってみたかったなと思います。

江川とは今でも食事に行くほどの仲です。包み隠さず何でも話せます。それはマウンドと打席の間の18・44メートルの距離の中で、ウソのない対決ができたからだと思います。真剣勝負のいい空間を楽しめたのだと思います。だから、年に1回しか会わなくても、昨日も会ったかのように話せるわけです。そんな人は他にはいません。

現役の時から気が合いましたが、シーズン中に食事に行くのはNGにしていました。ファンの方々が掛布と江川が仲良くご飯を食べているのを見て、なれ合いの勝負をしているように見られるのが嫌だったからです。それとこれは冗談ですが、関西にきたら会計は私持ちで、関東では江川のおごり、浜松のうなぎは割り勘にしようというルールまで決めていました。

初対決はライトスタンドへ

王さんと江夏さんの対戦も、江夏さんが一番ホームランを打たれた打者が王さんでした。だから名勝負と言われる勝負はバッターがそこそこ打たないと成り立たないのです。だから私も頑張って江川から打ったほうだと思います。対戦成績は167打数48安打で打率2割8分7厘、14本塁打、21三振です。14本は山本浩二さんと並ぶ最多タイでした。実は江川と対戦すると調子を取り戻すことが何度もありました。余計なことは一切考えずに、あのストレートをベストなスイングで打ち返すことだけに集中することで、忘れていた感覚がよみがえることがあったのです。

初対決は1979年の7月7日の後楽園でした。江川の初登板は約1か月前の6月2日の後楽園でしたが、私が腰痛のためスタメンから外れていたのです。高校のときから私は江川を意識していましたし、待ちに待った対決です。

実は、習志野高と作新学院の練習試合が組まれたことがあったのですが、私が第1

打席で控え投手の死球を受け、江川が投げる前にベンチに下がってしまったのです。高校のときに対戦して抑えられていれば、負のイメージが残ったかもしれませんが、打席で見るのは初めてです。ましてや、私はプロ5年目で3年連続3割をマークしており、負けられない立場でした。

初回2死走者なしで回ってきた第1打席。どんなストレートを投げてくるのだろうかと待ち構えていると、初球は何とカーブでした。見送ってボールとなったのですが、その瞬間に私は「勝った。あの江川が俺のことを怖がっている」と思いました。そして3ボール1ストライクからのカーブをライトスタンドに運びました。

江川は今でも初球に悔いが残っていると言います。キャッチャーのサインに首を振ってストレートを投げ込めば良かったというのです。ただ、江川をかばうようですが、1年目の江川はブランクもあり、本来の球ではありませんでした。実際に1年目は9勝10敗でした。実力を発揮しはじめたのは、20勝6敗の3年目からだった気がします。

一度だけの敬遠

江川との対決で印象に残っているのは、初対決のホームランもそうですが、一度だけの敬遠です。ベンチの指示でしたが、江川は悔しかったと思います。そのときのボールはすごい球でした。1982年の9月4日の甲子園でした。1点ビハインドの8回裏2死二塁。私は前の打席でインハイの球にバットを折られながら、一、二塁間を抜くタイムリーを打っていました。ピンチに藤田元司《ふじたもとし》監督がマウンドに駆け足でいくと、なにやら江川と話しました。ちょっといつもの江川の表情ではないのです。アレッと思っていると、捕手の山倉《やまくら》が立ち上がったのです。そのときのボールはほぼ全力投球でした。そこまで無四球で、無四球完投なら10試合目で小山正明《こやままさあき》さんと並ぶセ・リーグタイ記録でした。スタンドからは「弱虫」コールです。投げてくる敬遠のボールから怒りが伝わってきました。

江川は続く岡田を捕邪飛に打ち取り、そのまま勝ち投手になりましたが、試合後も笑顔はありませんでした。引退してから江川とその話をしたことがあります。すごく怒ったように強いボールを投げたのは、「ホームランを打たれるより悔しかった。ファンが一番見たい勝負を避けなければいけない投手なんだ」という自分への怒りだったというのです。その言葉を聞いて、さすがだなと思いました。

当時は私たちの勝負には紳士協定みたいなものがありました。「1球で勝負がついたら、楽しみにしているファンに申し訳ないよな」なんて冗談で話になりました。それで「俺は1球目を打たないよ」となって、江川は初球にカーブから入るようになったのです。

最初は半信半疑だったようです。開き直って甘いカーブを投げたら本当に振らなかったので、「こいつは信用できる」と思ったらしいです。そして2人の勝負はインハイのストレートを打つか、空振りさせるかになったのです。

だから名勝負というのは全く違う野球観を持っている同士か、同じ野球観を持ってる同士かで生まれるんでしょうね。江川と私は同じ野球観の持ってる者同士でした。江夏さんと王さんや、村山さんと長嶋さんは、真逆だったのかもしれません。

自信になった王さんや衣笠さんの言葉

私も実際、長嶋さんから、いろいろ手を差し伸べて頂いたことがありました。同じ舞台で戦っている先輩からの言葉は大きな励みとなることがあります。若い時に王さんから掛けられた言葉も今でも覚えています。若い頃、レフト前にガツンと打って一塁ベースに行くと、「いつあんなバッティングを覚えたんだい。素晴らしい」と。あの王さんが私の打撃を見てくれていたこと自体、すごく嬉しかったです。

他球団の先輩からの何げない一言が大きなヒントになることもあります。広島戦で3打席連続ホームランを打ったときのことです。2本目は高橋里志《さとし》さんの決め球のフォークボールを、体勢を崩しながら、上からたたいてバックスクリーンにたたき込みました。4打席目の四球で歩いたときに一塁手の水谷実雄《みずたにじつお》さんが感心しながら言うのです。「あの里志から打ったフォークは崩れなきゃ打てないよな」と。私は無意識にフォームを崩しながらフォークをたたいたのですが、確かに教科書通りのフォームでは低めのフォークは打てないのです。あの一本と、水谷さんの言葉で、「崩れる勇気」の大切さを痛感しました。

格好をつけず、さらけ出す大事さを教えてもらった

広島で言えば、衣笠祥雄《きぬがささちお》さんからも野球人生で大事な言葉を頂きました。「俺はお前のホームラン見るのが好きなんだ。でも、お前は、ヒットを打ちたい、いいホームランを打ちたい、いいプレーをしたいと、いい野球をファンに見せようという思いが強すぎる。三振もしろよ。エラーもしろよ。それも野球だろ。その代わり、一生懸命に三振しような。一生懸命にエラーしよう。すべての野球をさらけ出しなさい。今お前がやらなければいけない、阪神の四番の仕事だと思うよ」とありがたいアドバイスでした。思えば、長嶋さんも一生懸命に三振したし、エラーもしていました。格好を

つけず、さらけ出す大事さを教えてもらったのです。

当時は他球団の選手とあまり仲良くするなという時代です。そういう中、他球団の先輩たちがサラッと言ってくれた言葉は響きます。1980年代の広島は優勝争いの常連で、山本浩二さんとは毎年のようにホームラン争いを演じました。センターの浩二さんが一歩前に出たら、その頭を越えて弾丸ライナーがバックスクリーンに当たったことがありました。翌日のシートノック中に衣笠さんが近づいてきて、こっそりと言ってくれるのです。「カケ、すさまじい当たりだったな。あの浩二が目測を誤ったんだ。今年のタイトルはお前だな」と。すごくうれしかったですし、やっぱり自信になりました。

子どもの頃から知る阿部慎之助が巨人監督に就任

巨人は2024年のシーズンから阿部慎之助監督のもとで戦います。父親の東司《とうじ》さんとは、習志野高の野球部の同級生です。慎之助のことは、子どもの頃から知っており、私に憧れて小さい頃から阪神ファンだったといいます。父親から「掛布のようになれ」と右打ちから左打ちに転向した話も聞きました。巨人に入団以降も、グラウンド内外で交流があり、親戚の息子のような感じで接してきました。

どんな監督になるのかは未知数ですが、阪神にとっては強力なライバルとなるはずです。強みは様々な角度から野球を見てきたことです。巨人では捕手出身の監督も初めてですが、四番打者、キャプテン、2軍監督、1軍ヘッド……。三塁のベースコーチにも立ったことがあるのです。巨人の名だたる歴代監督の中でも、これだけの経験を積んだ人はいません。

攻守で経験則に基づいた的確なアドバイスができるはずです。また、これはプラスであり、足かせになる可能性もあるのが、自身の現役時代の姿を知っている菅野智之《ともゆき》、坂本勇人が第一線でチームに残っていることです。気心が知れるメリットはありますが、厳しいことを言えるかどうかです。

私は2023年に日本一になった阪神と巨人の一番の違いは、一塁までの全力疾走だと思っています。前述したように四番の大山を筆頭に、凡打でも全力疾走を怠りません。2003年に広島からFAで加入した金本知憲による走塁改革が今でも息づいているのです。阿部監督が果たしてそれを巨人ナインに指摘できるかです。簡単なことに思われるかもしれませんが、143試合、一塁まで全力で走るのは難しいことです。長年レギュラーを張っている選手は、満身創痍《そうい》でシーズンを戦っているからです。私自身もそうでしたし、阿部も金本のようには毎回全力で走ることはできていませんでした。

坂本らベテランに常に100％の全力プレーを求めてパンクすると元も子もないで

すが、今まで以上にやれる範囲で精いっぱいのプレーを要求することができるかです。彼らとしっかりコミュニケーションをとりながら、アニキ分として「ちゃんとやってくれよ」と言えるようだと、巨人は変わると思います。

プライドを気にしている場合ではない

2023年までの日本一の回数は巨人が22回、阪神が2回と大きな差に表れているように、巨人というのは負けが許されないチームです。歴史上、3年連続Bクラス（4位以下）を経験したことがないのですから。原辰徳監督から2年連続Bクラスでバトンを受け取った阿部監督も、1年目から勝負の年になります。だからこそ、勝つチームを作り直すためには、まず「一塁まで走る姿勢」が必要に思うのです。

特にホームランの出にくい甲子園球場で戦う場合は走る力は大切です。走るというのは盗塁を指しているのではなく、走者一塁で右前安打は必ず三塁を陥《おとしい》れるとか、貪欲に次の塁を奪っていくということです。巨人は2023年のシーズンで阪神に6

勝18敗1分けと大きく負け越しました。甲子園では3勝10敗です。これだけ負け越したチームが変わるには、プライドを気にしている場合ではありません。格好つけず、がむしゃらにプレーしないと、チームは生まれ変わりません。その泥臭い野球の一番の肝が「走る」こと。それができるなら巨人の野球は劇的に変わると思います。

２０２３年のように阪神が一方的に勝つだけでは、伝統の一戦という呼び方がふさわしくなくなります。古い考えかもしれませんが、やはり阪神と巨人が並び立ってセ・リーグを引っ張っていくペナントレースになることが一番いいと思っています。

私は大阪に住んでいますが、２０２３年は関東に仕事で行ったときに「野球」の温度差を感じました。セ・リーグは阪神が独走して、広島が2位。一方のパ・リーグでもオリックスが3連覇して、日本シリーズは59年ぶりの関西決戦となりました。関西では普段は野球を見ない人まで「野球って面白いんですね」と注目して、大いに盛り上がりましたが、全国的にはどうだったのでしょうか。

日本シリーズは置いておくとしても、阪神と巨人の人気2球団が頑張って、大きな渦をつくらないといけないのです。

松井秀喜も阪神ファンだった

阿部慎之助は父の同級生の私に憧れながら、阪神のライバル・巨人の監督になるのですから、運命のいたずらを感じます。思えば、私もかつてONに憧れた野球少年でしたが、縦縞のユニホームに袖を通し、田淵さんもまた法政大学時代は巨人入りを熱望していたのです。その巨人と阪神のすれ違いの運命で言うと、松井秀喜もそうです。石川県出身で小学生の頃から阪神ファンで、私に憧れてくれていたと本人から聞きました。「掛布も左打ちだから」と周囲に勧められて左打ちになったというのですから、光栄なことです。

星稜《せいりょう》高では3年夏の甲子園で5打席連続敬遠の伝説をつくり、私も高校生とは思えぬ落ち着きぶりに驚きました。1992年のドラフトでは阪神、巨人、中日、ダイエーが1位指名し、長嶋監督が当たりくじを手にしました。赤い糸で結ばれていたのは、意中の球団の阪神ではなく、巨人でした。

その後のサクセスストーリーはご存じの通りです。長嶋さんの1000日計画のもと、巨人の四番打者に成長し、ヤンキースではワールドシリーズのMVPを獲得しました。巨人入団以来、私も解説者として交流を持ち、冗談を言い合えるほどの関係になりました。私のシーズンハイの48本塁打を上回り、50本の大台に乗せたのは2002年のことでした。私の見たことのない景色を見た打者となったのです。

松井秀喜と話したときも長嶋さんの指導の話題になりました。やっぱり大事にするのは素振りでした。長嶋さんは目で見ることはなく、ずっと空《くう》を切る音しか聞かないというのです。「今のはいい」、「今のはダメ」と、振っている音で判断するのです。毎日続けているうちに松井自身も、自分で音を聞き分けられる耳が育ってきたというのです。

手袋をしない理由

私も素振りの音は大切にしていました。左打者なので右耳にバットが体を通過した後の「プン」という短く、高い音がするのがいいのです。言葉で表現するのは難しいのですが、「ブン」でも「ブーン」でもない「プン」です。体全体を使ってミートする瞬間に力が最大限に伝わるスイングが「プン」と聞こえるのです。長嶋さんにも同じような耳の感覚があったと思います。

今はハイテク機器が発達していて、スイングスピードや軌道も科学的データとして見ることができます。しかし私たちの時代の方が「音」も含めて感覚は研ぎ澄まされていたと思います。

王さんもそうでしたが、手袋をせずに素手でバットを握るのもそのためです。手袋をはめて滑り止めスプレーで固めてしまうと、最後の細工ができないんです。詰まったときにわざと滑らせたりの、小細工ができるのです。ただ、今のように160キロのストレートを投げる投手がいれば、私も手袋をしていたと思います。より強く振らないといけないですから。ただ、ゴルフと同じで右手だけです。押し込む左手の感覚は大事にしたいという気持ちがあります。

松井にとって長嶋さんとの濃密な時間は、打撃の技術だけでなく、巨人の伝統を受け継ぐ儀式でもあったのでしょう。清原に続き、松井までドラフトで外した阪神にとっては、逃がした魚が大きすぎました。

巨人の四番を受け継ぐ岡本

岡本和真はまぎれもなく巨人の四番打者になりました。２０２３年は初めて40本塁打の大台をクリアする41発を放ち、３度目のキングに輝きました。６年続けての30本以上をマークしており、ベンチが確実に数字を計算できる打者です。あと必要なのは四番打者として日本一にチームを導くことだけでしょう。２０１９年、20年は主軸としてリーグ優勝を果たしていますが、日本シリーズでは１勝もできませんでした。岡本にとっては個人タイトル以上に、勝つことに飢えているはずです。２０２３年の契約更改でも「優勝しないと何も評価されない」と発言していました。まさに勝つことが宿命づけられた巨人の四番を背負う打者だと思います。

打者としてさらにワンランク上がれば、三冠王も狙えます。そのためには四球の数を増やすことです。40発以上のホームランを打った割に72四球は少ないです。後ろの打者の兼ね合いから自分で決めに行った場面が多かったとはいえ、90近くはほしいところです。王さんがホームランを打つために必要なのは、ボールを見極める我慢、振る勇気、仕留める技術と説いていましたが、岡本に必要なのは我慢だけです。そうすると、111個の三振も2ケタに抑えられるはず。四球が増えるので、打率も2割7分8厘でしたが、3割に乗せられるでしょう。

レジェンドの域の坂本

ここ20年の巨人を支えてきたのが坂本勇人です。

２０２３年のシーズン途中に遊撃から三塁にコンバートとなりました。私も若い頃に遊撃を守ったことがありますが、感覚が全然違います。三塁手は一歩目のスタートが大切です。バットにボールが当たった瞬間に反応できるかどうか。遊撃は捕手のサインや、構えたコース、打者のスイングである程度、打球を予測できます。ところが三塁は角度的に打球の予測が難しいのです。

坂本にとっては２０２４年が本格コンバートの1年目みたいなものです。概念を覆すような三塁手になれるかもしれません。三塁手というと「強い」「直線的」というイメージがあるのですが、今までにない柔らかい三塁手になりそうです。ハンドリングも華麗ですし、背の高さもプラスになります。いい三塁手になれると思います。2023年にしても開幕から絶不調でスタメンを外されたことがありながら、終わってみれば116試合で打率2割8分8厘、22本塁打、60打点の成績は見事です。まだまだ欠かせない存在です。

阿部監督はある程度休みを入れながら、120試合ぐらいで計算したほうがいいでしょう。35歳となり、全試合に出ることを目標とするより、ベストパフォーマンスを発揮できる方法を考えるべきだと思うのです。メジャーでは当たり前ですが、日本では主力の休みが肯定的に見られるようになったのは最近のことです。余談ですが、2215試合連続出場のプロ野球記録を持つ衣笠祥雄さんが、記録継続中の1975年に当時のルーツ監督から休養日の提案をされたことがあったと聞きました。「君のベストパフォーマンスのためには20試合ぐらい休んだ方がいい」と。もちろん衣笠さんは拒否して、全試合に出場しました。でも、坂本の場合は体と相談しながら、1年間の長丁場を見据えるべきだと思います。

1988年12月生まれの35歳ですが、蓄積したものがあるので、プロ野球選手は単純に年齢では計れないものがあるのです。私も33歳で引退しましたが、小さな体はすでにボロボロでした。坂本も運動量の多いショートであれだけ長いこと野球をやっていたら、満身創痍でもおかしくありません。プロ野球の歴代のショートで、２０００試合以上出場したのは坂本だけ。それまでの出場記録は屈強な体を持つ鳥谷敬で、坂本の２０００試合出場を「考えられないこと」と驚いていました。

プロ野球の歴史の中でもベストナインに選ばれるショートだと思います。坂本の場合は打撃でも歴史に残る選手なのですから。すでに２０００安打をクリアし歴代４位の４４５二塁打（２０２３年終了時点）は１位の立浪和義《たつなみかずよし》の４８７という数字が見えています。守備だけなら吉田義男さんの方が上かもしれませんが、打力を含めると坂本はプロ野球歴代ナンバー１ショートと言えるのではないでしょうか。

坂本、岡本を脅かす若手が出てくるか

巨人の2024年は23歳の門脇誠《かどわきまこと》、22歳になる秋広優人《ゆうと》の2人が飛躍の年にできるかがカギを握っています。岡本、坂本の2人は数字をある程度計算できるので、門脇、秋広がどれだけの数字を残せるかです。メジャーで通算178本塁打の新外国人のオドーアの加入は決まりましたが、助っ人《すけと》は日本の野球に合う合わないが来てみないと分からないので、最初から計算には入れずにプラスαとして考えるべきです。

門脇の場合はルーキーイヤーの2023年のシーズン途中から遊撃で固定され、126試合に出場、打率2割6分3厘は合格点の数字です。経験を積んだ2年目はさらにスピードを生かした活躍ができると思いますし、将来的な展望も描きやすいです。

一方の秋広の場合は身長2メートルの規格外の体格が魅力です。23年は121試合で

打率2割7分3厘、10本塁打。個人的にはもっとスケールの大きな打者を目指してほしいと思っています。ちょこんとミートしてヒットするような打撃も散見されました。体の割には器用なだけに小細工に走りがちですが、うまいより強い打者を目指してほしいところです。

それともうひとりは高卒2年目となる浅野《あさの》翔吾《しょうご》でしょう。彼の場合は秋広とは逆に体のサイズはプロでは小さな方です。高校時代はホームランを打てる打者でしたが、プロではどういう道を選ぶのか。これからどう化けていくか楽しみな選手です。

時代は変わっても強い巨人であってほしい

私がプレーしていた頃はCSやBS放送がなく、地上波は巨人戦だけという時代でした。今はセ、パの人気の格差も小さくなりましたし、各球団の経営努力でフランチャイズ的なものがしっかりしています。もちろん今でも巨人ファンは全国にいますが、巨人も東京のフランチャイズを意識した方がいいのかもしれません。日本テレビにしても、全国に放送が流れるキー局ということが、巨人戦中継の足かせになっている部分もあるのでしょう。関西では各放送局が阪神戦を中継していますが、あくまで関西ローカルの話です。地方の放送局からすると、巨人の中継をしなくても、例えば福岡ならソフトバンク戦の視聴率の方がいいでしょうし、北海道や広島、名古屋でも同じことです。

ただ、やっぱり強い巨人があってプロ野球が盛り上がるという部分は残っています。一昔前は阪神が巨人に対抗できるぐらい強くないと面白くないと言われたことがありましたが、２０２３年は完全に立場が逆になりました。２０２０年の優勝を最後に巨人が苦しみ、２０２３年は阪神が18勝６敗１分けと直接対決で圧倒しました。阪神と巨人の両方が並び立って、伝統の一戦が天下分け目の天王山の３連戦となるようになれば、すごく盛り上がるはずです。表現は悪いかもしれないですが、昔のように殺気立つような甲子園を見てみたいのです。

王貞治さんはじめ、強かった当時の歴代の巨人の選手たちも、阪神と戦う甲子園の３連戦は疲労度が違うと言っていました。我々も巨人戦の後の３試合は燃え尽きたようになって、気持ちが入りにくかったです。５万入っていたお客さんが次の他球団との試合では２万ぐらいになってしまうのですから。それだけ巨人戦の甲子園は特別な舞台だったのです。今の甲子園は巨人戦以外でも満員になりますし、足を運んでくれるファンに感謝しなければいけません。

Ⅳ

後輩たちへ

甲子園球場の引退試合で（1988年）

2歳下の岡田彰布は頼もしい後輩

２０２３年に日本一監督となった岡田彰布が阪神に加わったのは１９８０年でした。早大で数々の記録をつくったスター選手で、79年のドラフトでは6球団が1位で競合。意中の球団だったタイガースに入団したのです。

初めて岡田のティーバッティングを見たときに、素晴らしいヘッドスピードをしているなと思いました。インコースのさばき方もうまそうだなと見ていました。実際に本人にも感じた印象を伝えたと思います。私は79年に48本塁打でタイトルを獲得し、すでに中心打者としての地位を築いていました。ファンの皆さんには「仲が悪かったのですか」と聞かれることがありますが、私からすると頼もしい後輩であり、ライバルとしては意識したことがないのです。

四番を任されるようになると、チームのナンバーワン的な存在になります。山頂に立つのはナンバーワンの一人だけで、頂上から少し下には2人乗れるのです。そして、その下は3人、4人となってくわけです。そうなると、ナンバーワンとナンバーツー以下とでは、やる野球が全く違ってくるのです。ですから僕自身は、四番を打ってからは、チームの野手で誰かをライバルとして意識したことはほとんどありません。左手首を骨折した1986年にバースともう一度、数字を競おうと思ったぐらいです。

ただ、前述したように、1979年に江川とのトレードで入団した小林繁さんには、対抗意識を燃やしました。エースと呼ばれる存在は、違う山でナンバーワンになれるわけですから。もう一人意識したのは、三塁のレギュラー争いでライバルだった佐野仙好《のりよし》さんです。

佐野さんは1973年のドラフト1位で、私が6位でした。中央大学出身で年齢は4歳上でした。入団してから引退するまで、試合前の練習では大体、佐野さんとキャッチボールしていました。私の引退試合のキャッチボール相手も佐野さんでした。そのときに初めて、「野球をやってきて一番悔しかったのは、カケに三塁のポジション争いに負けた時かな」とポッリと言いました。あまりそういうことを言う人でなかったので驚きました。

「お前がいたからここまでできた。そのお前が俺より先に辞めるのは納得いかないけど……。でも、ありがとう」と。私も「佐野さんがいたからここまでやれました」と頭を下げました。阪神の選手でライバルとして意識したのは、小林さんと佐野さんだけでした。

生え抜きの全試合四番・大山悠輔

四番が育たない負の歴史にピリオドを打つかもしれない存在が大山悠輔です。２０２３年は、２００９年の金本以来、生え抜きでは１９８５年の私以来となる全試合四番での出場を果たしました。しかも、打線の中心として、球団を38年ぶりの日本一に導きました。立派な四番打者です。ただ、残念な点は、本塁打数が19本にとどまったこと。打率も３割に届かない２割８分８厘でした。これが３割、30本をクリアしていれば四番打者として完璧な数字でした。

２０２３年の大山は自分の数字よりもチームが勝つために打席の中で相当な我慢をしたはずです。リーグ最多の99四球で最高出塁率の４割３厘。決める四番というより、つなぎの四番として機能したことが分かります。五番を打つことが多かった佐藤輝明が92打点を挙げたのに対して、大山は78打点でした。

「日本一の四番」になったのですから今後の大山はもっと自分を解き放ってほしいと思っています。四番打者としていい意味のわがままな打撃をしてほしいのです。佐藤輝らと比べて、優等生すぎる面がありますから。全力疾走は怠りませんし、常に一生懸命です。それも大山の魅力ですが、もっと野球を楽しむような姿も見せて欲しいのです。大谷翔平《おおたにしょうへい》と比較するのはかわいそうですが、大谷のプレーには「遊び心」みたいなものを感じますが、大山はいつも苦しそうに見えてしまうのです。

スーパースターには言葉の力も必要

大山がリーグ優勝のときに号泣していた姿も印象的でした。彼が背負っていたプレッシャーの大きさを感じました。これは余談ですが、能見篤史《のうみあつし》に言わせると「大山は涙もろいんですよ。僕の引退試合でも泣いていましたから」というのです。後日、大山に「お前は涙もろいんだってな」と聞くと、「そうなんです」と。「なんだい、じゃあ、リーグ優勝のときの涙も……」と大笑いです。そういう会話を大山は公の場でもできるようになってほしいのです。球場でのヒーローインタビューとか、メディアの取材に対する発言にも遊び心、余裕が欲しいのです。

僕らの時代は新聞でも、もっとひどく書かれました。他の打席で打っていても、チャンスに凡退して負けたら戦犯扱いです。それでも試合後の囲み取材には、それなりにコメントしていました。それによって「掛布」という見出しと発言が紙面で躍るわけです。ところが大山の発言が紙面で大きく躍るようなことは少ないです。チームの大黒柱、四番として発信力は大事な部分です。

大山はプロ野球人生のスタートからマスコミ、ファンに対する不信感があったことが、取材対応も含めた今のプレースタイルに影響しているのかもしれません。甲子園出場経験はなく、ドラフト前に白鷗《はくおう》大・大山の知名度は高くありませんした。2016年のドラフト1位で名前が呼ばれたとき、ドラフト会場のファンは「ええっ」という反応でした。これには大山自身もショックを受けたはずです。会見場で下を向いた姿が印象的でした。でも、いつまでも引きずっていても仕方ありません。自分のプレーで、発言で跳ね返していけばいいのです。

チームの負けを背負える本当の四番打者になってほしい。ONに代表される歴代のスーパースターには言葉の力がありました。普段は話さない落合博満さんですら発信力は備えていたのです。

本塁打を増やすために「練習のための練習」を

岡田監督が大山を四番に決めた理由は、野球に対する姿勢でした。就任当初は佐藤輝明でもいいと思っていたようですが、「大山の周りは人が集まるんですよ。これはチームの中に入らないと分からないことでした」と説明してくれました。成績ではなく、人間的に四番打者として一番ふさわしいと思ったのでしょう。確かに四番打者には輪の中心として引っ張るタイプと、他を寄せつけない孤高のタイプがいます。大山は前者のタイプです。

数字自体は2割8分8厘、19本塁打、78打点と特筆すべきものではありません。ただ、99四球とつなぎ役に徹したからこそ、佐藤輝明の92打点につながったのです。2024年は打率2割8分でいいので、ホームランを30本、打点を90以上にすれば、名実ともに胸を張れる四番打者となれます。

大山の本塁打数が伸び悩んでいるのは、打球方向にあると思っています。打撃練習を見ていると、レフトの定位置方向にサク越えを放っています。少し、左の肩が開いた状態で引っ張っている形です。打撃投手の投げる球ではそれでも気持ち良くスタンドに運べます。でも試合で、左の肩が開くと、外角のボールを強くたたけません。内角のボールがファウルになってしまうこともあります。だから、大山は練習のときからもっと、ショートの頭、左中間方向への打球を意識した方がいいでしょう。左サイドの使い方を意識してバットを前に放り出すような感覚のほうが、ホームランが増えて、ミスショットも減ると思います。

試合の中では無意識に強く振ってしまいますから、余計に左の肩が開きやすくなります。だから練習のときから左中間方向へ、甲子園の浜風に乗せる感覚で打球を上げればいいのです。ボールにスピンをかけて上に上げて、風に乗せる打ち方を覚えれば、間違いなくホームランは増えます。真面目すぎる選手ですが、練習のときは遊び感覚でいろいろ試してほしいと思っています。「試合のための練習」は当然ですが、大山の場合は「練習のための練習」をしたほうがいいのかもしれません。少し遊び感覚でやる時間を作ったほうがいいと思っています。

バース以来のホームラン王の可能性・佐藤輝明

佐藤輝明は2021年のルーキーイヤーから注目して見てきましたが、つかみ所のない打者です。潜在能力は素晴らしく、歴史に残る打者になる可能性はあります。ただ、入団以来、インハイのストレートを攻められ、同じような形で打ち取られる姿を見せ続けています。それでも2023年の後半は少し変化がありました。後輩の森下翔太のバットを借りてからです。先が細くて、全体の重さは軽いのですが、ヘッドの重みを感じることができたようです。ところが、日本シリーズでオリックスの投手に再び崩されました。少し歯車が狂うと、ごまかしが効かないタイプなのです。

平田ヘッドコーチに聞くと、精神的にはだいぶ成長したといいます。甲子園という左打者が不利な球場を本拠地にしても、30本以上のホームランを打てる素材です。もっともっと自分の打撃を大切にしてほしい。次につながらない無駄な打席と言いますか、雑に見えてしまうことがあるのです。歴代のホームラン打者は「そろそろ出そうだな」という雰囲気があるのですが、佐藤の場合は「打ちそう」ではなく、「あっ、行った」となるのです。徐々に100に近づいていくのではなく、0から100という感じです。

佐藤輝の最大の弱点はインハイのストレートです。ただ、これは佐藤輝に限ったことではなく、インハイに150キロを超すストレートを投げ込まれたら、そうそう打ち返せません。私だって無理です。打てないのですが、そこまで弱点に見えないのはインハイの甘くなった球を仕留めることができたからです。

例えば、江川卓や槙原寛己《まきはらひろみ》が内角を投げたつもりでも、少しでも甘く入ると私には真ん中に見えているのです。そうすると、投手は内角に投げにくくなるのです。少し甘くなった球をとんでもない強烈なホームランにすると、この打者は内角に強いという印象に変わってくるのです。佐藤輝にはそう印象づけるようなホームランがないのです。

センターから左中間方向へはじき返す練習を

三塁の守備も課題があります。ハンドリングは天性の柔らかさがありますし、練習すれば絶対にうまくなります。一番の心配は送球です。これも打撃と同じで雑に見えることがあります。日頃から丁寧な送球を心掛けておかないと、大事な場面で手痛いミスが出る可能性があります。佐藤輝が三塁のレギュラーを外れるような事態になると、チームバランスはおかしくなるでしょう。

ホームラン数は1年目が24本、2年目が20本、3年目が24本と来て、2024年です。もう一つ上のランクの30という数字をクリアすれば、すべてがうまく回転しはじめるはずです。四球も増えるでしょうし、打率も上がりますから。30本塁打、40本塁打を狙うために何をするべきか考えて、3割を打つための練習でなく、30本の大台をクリアするための練習をしてほしいのです。

2023年の佐藤輝の方向別本塁打数を見ると、レフトに2本、センターに6本、ライトに16本です。同じ24本でも、1年目の2021年はレフトに5本、センターに4本、ライトに15本でした。甲子園の浜風を経験し、年々、レフト方向の本塁打が増えるのが普通ですが、佐藤輝の場合は減っています。バットのヘッドが体から離れるのが早くなっているのかもしれません。真ん中からやや内角のボールを左中間に運ぶバットの角度を覚えれば、佐藤輝のパワーがあれば劇的に本塁打が増えるはずです。やや内角の球を押し込んで、左中間に運ぶと、甲子園の浜風がスタンドに運んでくれます。左打者がレフトへのホームランを増やすには、外の球をレフトに打つのではなく、真ん中からやや内角をレフトに打つコツをつかむことです。

私の2軍監督時代に横田慎太郎《よこたしんたろう》にその練習をさせました。横田の場合は元々左利きで、後ろの左腕でたたきにいく癖がありました。そうなると逆方向へ飛距離を出すことができません。当時、ホークスで三冠王を獲得した松中信彦《まつなかのぶひこ》が2軍で調整しており、松中にも横田に合う練習法を聞きました。彼も左投げ左打ちの打者でしたから。「ロングティーで高いセンターへのフライを打たせてみると面白いですよ」と言っていました。体に巻き付くようにヘッドを内側から出すための練習です。右利きの佐藤輝も頭の中で自分のスイングを整理して、センターから左中間方向へはじき返す練習を取り組めばいいと思います。

三番を打たせてみると面白い

1992年のラッキーゾーン撤去後、阪神の左打者で最多のホームランは2010年のブラゼルの47本です。ブラゼルは左方向が12本、中堅方向が9本と、浜風に乗せるタイプでした。右利きの佐藤輝も頭の中で自分のスイングを整理して、センターから左中間方向へはじき返す練習を取り組めばいいと思います。ライトへ打球を上げるバットの角度、感覚を身につければ、逆方向へのホームランは間違いなく増えます。

私は基本的にどこのコースを待っていたかと言うと、真ん中やや外寄りです。その球を左中間にホームランするためのバットの角度を準備して、内角もその対応で打ちに行きます。佐藤輝は人並み外れた飛距離があるだけに、強引に引っ張って、スタンドに放り込みたくなるのかもしれません。もっと軽く振っても逆方向にホームラン打てることを覚えると、1986年のバース以来の阪神からのホームラン王誕生の夢がふくらみます。

2023年の打順は五番を打つことが多かったですが、個人的には三番を打たせてみると面白いと思っています。近本、中野の一、二番が左打者で、左が3枚並ぶのがどうかですが、3人とも左投手を苦にするタイプではありません。佐藤輝も盗塁できる足がありますし、相手バッテリーがストライク勝負をしてくれる割合が増えるのが大きいです。四番打者の前に四球で歩かせたくないので、五番よりはボール球で攻められる割合が減るはずです。

何より三番の方が精神的に楽に野球ができます。例えば接戦の中、1死三塁で三番打者が打席に立って、簡単に内野フライを打ち上げて2死になったとします。続く四番打者が空振り三振した場合、誰の責任かとなると、四番打者になってしまうのです。鳥谷敬も「三番が一番楽です」と言っていました。チームを背負えるような四番打者がいると、三番打者は楽に打席に立てるのです。

森下は天性の勝負強さ

２０２３年のドラフト１位でルーキーながら日本一に貢献したのが森下翔太でした。１年目の成績は94試合に出場して、打率２割３分７厘、10本塁打、41打点です。いい場面で打つことが多かったので、数字以上に活躍した印象が強いです。オリックスとの日本シリーズでも新人記録を塗り替える７打点をマークしました。

一番の長所は強く振れることで、これは忘れてほしくないところ。試合を重ねる中で、内角の球に腕をたたんで打つ技術も覚えてきました。ボールの見極めもすごく良くなってきました。シーズン後のアジア大会の日本代表として試合に出たときに、成長を大きく感じました。チャンスの場面でフルカウントからのボールを見送れたのです。打ち気にはやるところでも我慢できるようになりました。

当然2年目は期待値も上がります。打率2割8分、20本塁打を目指してやってほしいところですが、それほど甘い世界ではありません。相手のマークは厳しくなり、もっと内角を攻められるようになると思います。それにどう対応するかです。性格的には今の阪神には珍しく、やんちゃなタイプ。いい意味で、ベテラン選手のような態度に見えるぐらいです。打てなくてベンチで涙を流すシーンがあるなど、負けん気の強さは相当です。これで数字が伴えば、阪神を背負うスター選手になれる器です。天性の勝負強さがあるので五番を打たせたい打者です。

また、森下が一皮むけるには、前川右京《まえがわうきょう》、井上広大《こうた》ら若手がライバルとして刺激しあえるかです。前川は高卒2年目の2023年に1軍デビューして一瞬の輝きを見せましたが、長くは続きませんでした。打撃は強さと柔らかさを兼ね備えているのですが、ケガが多く、好不調の波が激しいのが課題です。2019年ドラフト2位の井上も左足の使い方など、もっと大胆に打撃を変えるぐらいの挑戦をしてほしいところです。

近本、中野の一、二番は12球団屈指の名コンビ

1985年の日本一はバース・掛布・岡田のクリーンアップが牽引《けんいん》しましたが、2023年はクリーンアップより近本光司、中野拓夢の一、二番が打線の核となりました。この一、二番は12球団でも屈指です。落合監督時代の中日で一時代を築いた荒木《あらき》、井端《いばた》の「アライバ」など、過去の強いチームには一、二番の名コンビがいましたが、近本と中野も球史に名を残すほどの強力なコンビです。

近本の2023年は129試合に出場して、打率2割8分5厘、8本塁打、54打点。28盗塁でタイトルを取りました。元来は早いカウントから積極的に仕掛けていく打者で四球は少ないタイプでしたが、前年より26個増やす67個の四球を選びました。そして特筆すべきは得点圏打率3割7分4厘の勝負強さです。

近本のクレバーさはテレビの企画でインタビューしたときに感じました。私は近本の四球の数が増えたのは、岡田監督が四球の査定ポイントを上げ、本人にも指示したからだと思っていました。そのことを確認すると、違う答えが返ってきました。

もともと低めの球が好きでヒットにする自信もあったが、映像を見返すと、ボール球を振っていることが多かったというのです。それでもう一回、自分の中で低めの見極めを大事にするところから始めたのが2023年のシーズンだったようです。しっかり見極めるため、ミートポイントを少し捕手よりにしたため、春先は中堅から左翼方向にしか飛ばなかったのです。低めのゾーンのボールへの対応をもう1回、きれいに洗い出して、キャリアハイの出塁率3割7分9厘に結びつけたのです。この向上心を若手は手本にしてほしいところです。

中野については優勝の陰のMVPだと思っています。遊撃から二塁にコンバートされて、フルイニング出場を果たしました。しかも、WBCで日本代表に選ばれ早い調整を強いられた中で、クライマックスシリーズ、日本シリーズもフルイングで出場。広島の名手・菊池を制して、ゴールデン・グラブ賞まで獲得しました。「アッパレ」

と言うしかありません。2番の打順でもつなぎ役として機能して、打率2割8分5厘は3年目でキャリアハイでした。

遊撃を守っていた選手にとって二塁へのコンバートは複雑なものがあります。遊撃手は守備の要として、打てなくも評価される面がありますが、二塁手は打力も求められます。他球団でみてもDeNA・牧秀悟《まきしゅうご》、ヤクルト・山田哲人《てつと》ら強打の二塁手が多くいます。中野にとっては内野手として逃げ場がなくなるコンバートを負けん気の強さで乗り切りました。

忘れてはいけない木浪聖也も

その中野が40打点で、近本との一、二番で94打点をあげました。この2人がチャンスメイカーでもあり、ポイントゲッターにもなっていたことが分かります。そして、この2人を生かす存在として8番打者で固定された木浪聖也《きなみせいや》も忘れてはいけません。木浪が出塁して、9番の投手が送りバントで、上位に回すという得点パターンが確立されました。岡田監督も木浪がどれだけ調子が良くても8番から動かしませんでした。

木浪の2023年の打撃を見ていると、引っ張って長打を狙おうという欲は全く見えませんでした。走者がいなければ粘って出塁、チャンスで回れば、食らいついてしぶとく左翼の前に落とすという感じです。彼もまた中野と同じように、レギュラーをつかむ最後のチャンスと思ってシーズンに臨んだはずです。2022年は入団以来、最少の41試合の出場に終わっていたのです。

入団1年目か2年目かに私に聞いてきたことがあります。「掛布さんのようにレフトオーバーの大きな打球打ちたいんですけど、どうしたらいいですか」と。「大きいのを打つより、レフトの前に打つことを考えろ」と諭しましたが、自分の打撃に迷走していた時期もあったのです。2023年のキャンプでは「お前の足りないところは調子が悪くなったときに、言葉は悪いけど、いかに自分の野球をごまかせるかだよ」と伝えました。レギュラーとして1年間戦うには、打てないときは一つの四球を選ぶとか、遊撃の守りでチームに貢献するとか、ベンチに納得してもらえる野球をしないといけないのです。木浪はそれを見事に実践した1年でした。

ピンチを救った捕手・坂本の成長

阪神の日本一でもうひとりキーマンとなったのが捕手の坂本誠志郎です。開幕前の岡田監督は正捕手を梅野隆太郎で行くと明かしていましたが、シーズン序盤から坂本がアピールを続け、徐々に先発マスクの割合が増えていきました。8月中旬に梅野が死球で離脱してからは完全に正捕手としての立場をつかみました。ゴールデン・グラブ賞を獲得したのは、大きな自信につながったはずです。

坂本は私が2軍監督の2016年に入団した選手ですが、当初からリードには定評がありました。恐らく、試合後は全球振り返るほどの努力を続けているのではないでしょうか。内角を大胆に丁寧に要求できるキャッチャーです。梅野も内角を大胆に使う捕手ですが、繊細さでは坂本の方が上でしょう。2023年の阪神は村上頌樹《しょうき》、大竹耕太郎《おおたけこうたろう》、伊藤将司《まさし》の3人が2ケタ勝利を挙げましたが、3人ともコントロールがいい投手です。坂本の要求通りに内角をつけるのが大きかったです。

坂本も近本と同じように野球の頭脳に優れた選手です。履正社《りせいしゃ》高校、明治大とエリートコースを歩み、高校、大学、大学日本代表で主将を務めたキャプテンシーを持っています。2024年の自主トレを報道陣に公開した際、最近では珍しい単独トレーニングの理由に私の名前を出してくれたようです。「一人でできないとプロ野球の世界はなかなかやっていけない。掛布さんが一人で強くなれと、僕が入ってきた頃、言っていました」と。この言葉を聞いて坂本は随分、成長したと実感し、私が伝えた言葉の意味を理解してくれたことをうれしく思いました。梅野も巻き返しに燃えるでしょうし、その正捕手争いがさらに坂本を一回り大きくしてくれるのではないでしょうか。

亡き横田との思い出

私は2016年から2年間、阪神の2軍監督を務めました。一番、印象深いのは2023年7月に28歳で亡くなった横田慎太郎との出会いと別れです。もう一度、阪神のユニホームを着るきっかけになった選手でした。2013年ドラフト2位で鹿児島実業から入団。素晴らしい身体能力に恵まれ、将来の主軸候補として期待されていました。そして、当時の中村勝広《かつひろ》GMが「30本くらい打てる打者にしたいので手伝ってくれ」と私に声をかけ、GM付育成&打撃コーディネーターという肩書きで教えるようになったのです。

粗削りで1、2年目は1軍出場機会がありませんでしたが、ファームでは着実に成長していました。肩が強く、足も速いのでトリプルスリーも狙える器でした。不器用ではありましたが、練習に手を抜かない選手でした。

2年目のオフに台湾のウインターリーグに派遣されたときは、他球団の関係者も横田の野球に取り組む姿勢に驚いていました。初日の全体ミーティングの後に引率していた巨人のマネージャーに「このホテルでバットを振るところはありますか」と聞いたというのです。私が台湾に視察にいくと、そのマネージャーが「今まで数多い選手を見てきましたけど、初めてですよ、掛布さん。バット振るところありますかって聞きに来たのは」と教えてくれました。「一人に強くなれ」と口酸っぱく言ってきた私は胸が熱くなりました。

今の時代の選手たちは合同自主トレもそうですが、すぐに誰かとつるみたがる傾向があります。もちろん先輩に指導してもらい、ライバルに刺激を受けるのも大事なことです。でも、同じ練習をしていれば、先輩は追い抜けないし、ライバルにも勝てないのです。

「一人で強くなりなさい。全員でやる練習なんて誰でもできる。全体練習が終わった後が、お前たちの時間じゃないか。一人の時間に、今日1日を振り返ったり、明日の野球につながるような準備を継続してやれる人が、プロ野球で成功している。打席の中で守ってくれる人なんかいない。すべて自分で解決しなければいけない。そこで打たなければチームに迷惑かけるんだぞ。自分の前にゴロが飛んできてエラーすればチームに迷惑かけるんだぞ。自分の野球は自分で完結させないとチームに迷惑をかける。負けにつながる」と2軍の選手たちに教えてきました。

遠征先でも必ず一人でバットを振るように教え、振るところが分からなければ関係者に聞くように教えていたのです。巨人のマネージャーの話を聞いて、横田は必ずモノになると確信しました。

そして翌年に私は2軍監督として1年目を迎えました。3年目の横田をどう育てようかと楽しみにしていました。彼の潜在能力には、1軍の金本知憲監督もほれ込みました。2軍の練習を視察したときに、その飛距離に目を奪われたのです。当初は「3年かかってもいいので30本ぐらい打てる打者に育てましょう」と語っていましたが、春季キャンプも1軍に抜擢し、使いながら育てる方針に変わりました。「超変革」の就任1年目のスローガンのもと、その象徴として、ドラフト1位ルーキーの高山俊《しゅん》と横田を開幕戦の一、二番で起用したのです。

大きなチャンスをもらって一気に飛躍する可能性はありましたが、横田の場合は悪い方向に出ました。ショートの方にちょこんと当て逃げして内野安打を狙うようなスイングを覚えてしまったのです。結果を欲しがるあまり、スケールの大きな本来の打撃を見失っていました。案の定、5月上旬には2軍に落ちてきました。一度、打撃フォームを崩すと戻すのは簡単ではありません。2軍でも当てにいくような打撃がなかなか直りませんでした。

野球の神様を恨んだ

脳腫瘍が見つかったのは翌年の1軍春季キャンプに参加していたときでした。高知安芸の2軍宿舎のテレビで横田の打撃を見ていて、精彩を欠いていたので心配していました。ほどなくして原因不明の頭痛とともに「ボールが二重に見える」と訴え、緊急検査の結果、脳腫瘍が見つかったのです。そこからはチームを離れ入院生活です。

「復活」と書いた色紙を持ってお見舞いにいきました。外出の許可も出ていたので、2人で個室のある焼肉店で食事をしました。うれしそうな顔で食べていた姿が今でも目に浮かびます。9月に退院して選手寮に戻ってきましたが、ボールが二重に見える症状は治りませんでした。

私は2018年からオーナー付となり、2軍のキャンプに育成契約となった横田を見に行きましたが、かわいそうでした。本人は良くなることを信じていましたが、視覚障害は治っていませんでした。

2019年には当時の平田2軍監督に「冷たい人間と思われても構わないけど、そろそろユニホームを脱がせる決断をしないと、かわいそうなんではないか」と進言しました。平田も同じ意見で、19年限りで引退することになったのです。2軍最終戦では8回からセンターの守備に就き、3年ぶりに試合に出場。打球がよく見えない中で中前安打を処理して、本塁へノーバウンド送球で走者をタッチアウトに。「奇跡のバックホーム」と言われました。

私は野球の神様を恨みました。「奇跡のバックホーム」なんていらないから、脳腫瘍を完治させてほしかった。引退後に再発して、2023年7月18日に帰らぬ人となったのです。2023年のリーグ優勝、日本一のときは同期入団の岩崎《いわざき》が横田の背番号23のユニホームを持って胴上げされました。みんなに愛され、素直で本当に野球が好きな男でした。

まぎれもなく天才だった高山とケガに泣いた北條

私の2軍監督の1年目に入団してきた高山俊も天才だと思いました。明治大では六大学の通算最多安打の記録を樹立し、鳴り物入りのドラフト1位でしたが、間違いなく本物でした。本来なら春季キャンプも1軍に参加するはずでしたが、前年に右手有鉤骨《ゆうこうこつ》の骨折の手術を受けており、高知・安芸での2軍スタートとなったのです。

初の屋外フリー打撃では衝撃を受けました。アベレージタイプの打者だと思っていたら、サク越えを連発するパワーがありました。現役時代、評論家としても多くの大物新人を見てきましたが、高橋由伸と同じぐらいの衝撃でした。将来、三冠王を取れるのでは、と本気で思いました。

私は高山に聞きました。「ホームランを30本打つ選手になりたいのか、首位打者を取る打者になりたいのか、どっちだ?」と。彼は素直に「分かりません」と言いました。それで独立リーグの球団と組んだ最初の練習試合に「何も考えずに好きに打ってくれ」と出場させると、簡単にヒットを3本打ったのです。

ただ、フリー打撃の力強いスイングではなく、投手の球に対応する技ありの打撃でした。イチローもフリー打撃ではサク越えを連発する力がありますが、試合になると対応型のスイングとなります。高山もイチローと同じとまではいかなくとも対応型でした。だから、本人には試合後に「ホームランは意識するな。これからも今の自分の感覚で打てばいいから」と伝えたのです。

天才型ゆえの迷走

ほどなくして、1軍の沖縄キャンプに呼ばれました。金本監督には電話で「あまり指導者がバッティングに注文つけない方が高山らしさが出ますのでお願いします」と伝えました。練習試合、オープン戦でも結果を残し、中日との開幕戦に「1番・左翼」でスタメン出場すると、第1打席に大野雄大《ゆうだい》から左前安打を放ちました。シーズン途中で調子を崩すこともありましたが、134試合に出場して打率2割7分5厘、8本塁打、65打点。136安打は当時の球団の新人記録（2019年に近本が159安打で更新）でした。新人王も獲得し、これからの阪神を背負って立つ選手になると疑いませんでした。

しかし、高山は1年目の成績がキャリアハイとなりました。金本監督は二番での起用構想があり、2年目のオープン戦終盤から二番でのスタメンが増えました。結局、開幕は1年目と同じ一番での起用でしたが、波に乗りきれないままシーズンを終え、103試合で打率2割5分にとどまったのです。不振に陥った原因はひとつではないでしょうが、二番打者の打撃を意識しすぎたことも挙げられると思います。二番打者は一塁に走者を置くと、一、二塁間を破るヒットで、一、三塁をつくるのが理想です。一塁手がベースについているので、ヒットゾーンが広がるので楽になるという打者もいます。しかし、高山の本来のスイングは面を返さないで打つタイプなので、手首を一度返して引っ張ったゴロは打ちにくかったはずです。スイングは生き物ですから、一度崩れると、元に戻らないことがあるのです。

特に高山の場合は型がない天才型でしたから、そこから迷走してしまった感じです。3年目も開幕スタメンこそ与えられましたが、試合数は45試合に激減。岡田監督が就任した2023年は1度も1軍に呼ばれないまま戦力外となりました。

北條の運命を変えたゴロへのダイビング

今年の優勝を引っ張ったのは、2018年のドラフト1位で入団した近本光司でした。私は思うのです。2016年の開幕戦で一、二番に起用された高山と横田が順調にキャリアを積んでいたら、ドラフト戦略は変わり、近本の獲得はなかったはずです。そう考えると選手たちの織りなすドラマを感じざるをえません。

近本だけでなく、二番で日本一に貢献した中野もまた出る幕がなかった可能性があるのです。北條史也《ほうじょうふみや》という遊撃の不動のレギュラーとして期待された男がいたからです。北條も高山と同じく、日本一となった2023年に1度も1軍に呼ばれることなく、29歳で戦力外となりました。

北條は痛い、かゆいは絶対言わず、黙々とやる選手でした。高校のときはホームランを打てるタイプでしたが、プロでは自分のスタイルを確立しきれなかったところがありました。私はホームランを捨てていいと思っていました。意識を変えさせようと、福本豊《ふくもとゆたか》さんが使っていたようなツチノコ型のバットを勧めてみましたが、首を縦に振りませんでした。自分の中でプライドが許さなかったのだと思います。

金本監督時代には鳥谷敬をショートのレギュラーから外してまで使った選手です。振り返って、運命の分かれ道となったのは２０１８年９月14日のヤクルト戦（甲子園）でした。４回１死で三遊間のゴロにダイビングして左肩を脱臼したのです。接戦の終盤で二塁に走者がいたならまだ分かりますが、走者なしでです。飛び込んで捕っても一塁でアウトにできるか微妙な位置でした。必死に止めに行くことはなかったのです。

そのシーズンは６月からスタメンに定着し、打撃も３割を超える活躍を続けていました。患部をギプスで固めて２軍に合流した姿を見て、自分のことのように悔しかったです。

「アウトにできない打球なら飛び込まずヒットにしろ。それがレギュラーの野球だ。こんな大きな代償を払って、アウトにもできず、お前がケガしただけやないか」とたしなめました。結局、そのシーズンを棒に振るどころか、翌年は新人の木浪聖也にポジションを奪われたのです。あのケガがなければ今でもレギュラーの座は守っていたはずです。

私の現役時代は一枝修平《いちえだしゅうへい》コーチに「レギュラーの野球」を教えられました。「一番困るのはお前にケガされること。強烈な打球が飛んできたら正面に入らず、半身で捕れ」と指導されました。アマチュアなら体で止めて前に落としてというプレーが良しとされますが、プロの内野手はケガにつながるからダメと言うのです。一枝さんとの出会いが、663試合連続出場につながりました。北條のように120％のような気持ちで野球をしていたらレギュラーは守れないのです。

育成から居場所をつかんだ原口

２０２３年の日本一の歓喜の輪で、原口文仁《はらぐちふみひと》の喜ぶ姿が感慨深かったです。私が阪神２軍を手伝いを始めた２０１４年は育成選手でした。２軍が遠征で出かけるときに、５名ほどの居残りメンバーに原口はいつも入っていました。

あるとき、原口に聞かれました。

「同じタイミングで投げてくるマシーンの球を同じタイミングで打てないんです。何でですか」と。時間を与えて自分で答えを見つけさせることも考えましたが、原口の目は切実に助けを求めていました。だから私の経験則からアドバイスを授けました。

「機械が投げる球でもボールの縫い目へのツメのかかり方で回転が変わってくる。空気抵抗も変わるからボールが微妙に動く。それを目で捉えて反応するから、タイミングがずれる。でもそれでいい。打撃というのは完璧に打とうと考えなくても、崩されながら対応する打撃を覚えた方が1軍で勝負できる打者になれるよ」と。

すぐに答えを授けることにためらったのは、原口も横田と同じように一人で強くなれる選手だと思っていたからです。

原口は私の2軍監督1年目の2016年4月27日に支配下登録されると、その日の巨人戦（甲子園）でデビューを果たしました。途中出場で8回には初ヒットもマーク。育成時代の3ケタから変わった背番号94のユニホームが間に合わず、背番号82の山田コーチのユニホームを借りての出場でした。その後はレギュラー獲得とまではいきませんでしたが、代打の切り札として1軍に定着を果たしたのです。

2019年1月には大腸がんを患っていることを公表しましたが、それも乗り越えて、2023年も1軍メンバーとして頑張りました。優勝のときにかぶり物をかぶって騒ぐ姿を見て、大笑いしてしまいました。「お前、キャラが変わったな」と突っ込むと、「どうですか。あれで行こうと思ってます」と。悲壮感を漂わせながら黙々と練習している姿を知っているだけに、明るい原口が新鮮でした。

感慨深かった西岡の復活

西岡剛《にしおかつよし》と過ごした時間も最高の思い出です。

西岡は、２０１６年7月20日の巨人戦（甲子園）でタイムリーを放って一塁ベースを回った際に、左アキレス腱を断裂しました。当時２軍監督の私はテレビで見ていました。西岡はグラウンドに突っ伏したまま動けず、涙を流していました。

その夜、私も寝られませんでした。西岡の泣いた顔が浮かんでくるのです。電話せずにいられませんでした。「みんなどうせ頑張れと言うだけ。でも、掛布さんならどんなこと言うんだろうと思って」と、他の人の着信はスルーした西岡が私の電話には出てくれました。

第一声で「お前、辞めることを考えているだろう？」と聞きました。

図星だったようで、西岡も驚いていました。そして「あの涙はそうだと思ったよ。でも辞めたらアカン。球団が来年契約してくれるというのであれば、絶対に契約してくれ。阪神はケガをした人をしっかりフォローをしてくれる球団ということを見せなければいけない。だから1年間、俺と一緒に野球して遊ぼうよ」と続けたのです。

引退を決断するのは、リハビリしても本来のスピードが戻らなかったときで遅くないと諭しました。

そこから必死のリハビリに励み、翌年の7月に1年掛けて1軍に復帰を果たしたときは、本当にうれしかったです。

戦力外通告を悔いなく受け止めてほしい

崖っぷちの選手を1軍に送り出して、活躍してくれるとグッときます。狩野恵輔《かのうけいすけ》もその一人でした。私が彼の練習につきあい始めたときは、いつ戦力外となってもおかしくない状況でした。２０１２年から3年の出場試合数は7試合、６試合、12試合。それでもあきらめずに打撃改造に挑み、２０１５年に66試合出場と再び1軍戦力としてもうひと花咲かせたのです。

1軍から声がかかったときに、「掛布さんに恥をかかせるような野球は絶対しません。見ててください」と有言実行で活躍してくれました。２０１７年9月の甲子園での最終戦が引退試合でした。1軍での引退試合を断り、退団の決まっていた私と一緒に2軍でユニホームを脱いでくれたのもいい思い出です。

2軍で指導していると、プロの厳しい世界を目の当たりにします。2軍監督のときは9月の前に、球団と来季の戦力構想についての1回目の話し合いがありました。候補者を○、×、△に分けるのです。○はもう1年やらせる。×は今年で辞めさせる。△は残りのゲームを見て判断するです。毎年、ドラフトで新しい選手たちが入るワクワク感があると同時に、ほぼ同じ人数の、辞めなければいけない選手がいるわけです。

だから、2軍監督として春季キャンプが始まる前日のミーティングで選手に言いました。

「今シーズンが終わったらこの中の何人かは首を切られる。そのときに納得して首を切られようよ。どういうことか。チームが勝ったとか負けたとか、打ったとか打たないとかじゃない。日々の野球の準備をどれだけきちっとしているか、その積み重ねだと思う。それでも球団が要らないと言われればもう仕方がない」

後悔しないための日々の過ごし方を説きました。でも、その言葉が響く選手は、残念ながら少なかった。秋が近づく頃になってから、皆、急にソワソワしはじめるのです。しかし、その時にはもう遅いのです。

阪神と巨人の歴代ベストナイン

▼阪神の歴代ベストナイン

①	中堅	赤星憲広
②	遊撃	吉田義男
③	ＤＨ	掛布雅之
④	三塁	藤村富美男
⑤	一塁	バース
⑥	捕手	田淵幸一
⑦	左翼	金本知憲
⑧	二塁	岡田彰布
⑨	右翼	マートン
	投手	江夏　豊

▼巨人の歴代ベストナイン

①	右翼	高橋由伸
②	二塁	篠塚和典
③	一塁	王　貞治
④	三塁	長嶋茂雄
⑤	左翼	松井秀喜
⑥	ＤＨ	原　辰徳
⑦	捕手	阿部慎之助
⑧	遊撃	坂本勇人
⑨	中堅	柴田　勲
	投手	江川　卓

ここまで阪神と巨人、二つのチームについて語ってきました。ここで、私の思い入れによる両チームのベストナインを決めさせてもらいました。選びたい選手が多く難航しました。阪神では遊撃の鳥谷敬や外野の真弓明信さんら、一つのポジションに2人書きたいぐらいです。

現役でメンバーに名前を連ねたのは巨人の坂本だけです。改めて彼のすごさが分かります。阪神の2023年の優勝メンバーで今後入ってくる可能性があるとすれば、近本光司や佐藤輝明でしょうか。このメンバーを実績で上回る数字を見せてくれることを期待したいです。特に佐藤輝には、球団では1985年のバース以来となる本塁打王を狙える選手です。タイトルはその先にあるとして、まずは30本、次に40本の大台をクリアしてほしいです。

データで削られてしまう「個性」

今回、選んだベストナインの顔ぶれを見ると、みんな個性があります。今の時代はトラックマンなどでボールの回転やスイングスピード、打球の角度まで、すべて数字で見ることができます。トレーニングも科学的な数値で決められ、無駄なものは排除されます。画一的になる分、個性というものも削られている気がします。

チームの勝敗を度外視したものは許されない時代なのかもしれません。だから私と江川のように、投手と打者の対決構図が生まれないのです。もちろん私たちの現役時代の野球もチームの勝利が優先でしたが、エンターテインメントとしての一対一の対決がありました。

他球団の選手との距離が近くなったことも、勝負を見てもらう面に関してはマイナスである気がします。ＷＢＣなど日本代表で同じユニホームを着る機会が多く、他球団の選手と合同自主トレをするのが当たり前の時代となりました。うらやましい反面、ファンからすると、どうなんでしょうか。私が江川とシーズン中に食事をしている姿や、原と仲良く自主トレをしている姿を見たくなかったはずです。真剣勝負に何か不純なものが混ざってしまう気がするのです。

先ほどトラックマンの話をしましたが、今はライバルに隠す必要があるものがないのかもしれません。データですべて丸裸にされているわけですから。昔は同じチームでも後輩に技術を教えるのを嫌がる選手がいました。

私たちの時代は「技術」がデータで見えない時代でしたが、今は「技術」が見えてしまう。メジャーリーグでも強烈な個性のある投手や打者が減っている理由かもしれません。しかし、だからこそ、大谷翔平の二刀流のように唯一無二のものが、より輝いて見えるのでしょう。２０２３年のＷＢＣ決勝のクライマックスとなった大谷とトラウトの対決は、ベースボールなのに昭和の野球のように、久々に男と男のぶつかり合いを感じました。

阪神以外で引退していれば

「他球団でプレーすることは考えませんでしたか」と聞かれることがあります。しかし、その選択肢はありませんでした。若いときに田淵さんから「お前だけは縦縞のユニホームを最後まで着てくれ」と掛けられた言葉が忘れられませんでしたし、なにより、「もう掛布雅之の打撃はできない」と思っていたからです。

引退を決断した後、いろんな人が思いとどまるように言ってくれました。

長嶋さんからは「膝が悪ければ1年間ファームにいなさい。体をもう1回、1年間かけて作り直せ」と引退を思いとどまるよう言われました。横浜の監督をしていた古葉竹識《こばたけし》さんからは「横浜に来てくれ。31番を空けて待っている。お前と一緒に野球やりたいんだ」と誘われました。ヤクルトの関根潤三《せきねじゅんぞう》監督からは「休みながら100

試合出てくれればいい。お前の野球の生き様を、今のヤクルトの選手に見せてもらいたいんだ」と言ってくれました。

他球団からの誘いは、すごく嬉しかったですが、迷惑をかけてしまう怖さを感じていました。確かに関根さんにしても、古葉さんにしても、40本のホームランは期待していなかったかもしれません。でも自分の気持ちの中で、40本打てる掛布でなければ納得できなかったのです。

女房も「もういいんじゃないの」と言ってくれました。一番近くで見てきた存在です。家で電気を当てて治療したり、腰が痛くてベッドから抜け出すのに20分もかけたり、ぬるま湯に20分ぐらいつかってから動き出したりと、いろいろ大変な姿を見てきましたから。その女房が引退という選択に共感してくれたのが、引き金になりました。

後悔があるとすれば骨折したあとの対応

引退試合の時、当時のセ・リーグ会長の川島廣守《ひろもり》さんからグラウンドで花束を頂きました。そのときに「何で君が辞めるんだ。やめたらダメだ」と声を掛けてくれて、泣き崩れそうになりました。すでに引退試合に臨んでいる私に対して、「辞めてはいけない」と言うのです。自分の選択が果たして正しかったのかと気持ちがぐらつきましたが、あのときは引退という選択肢しかなかったですし、後悔もありませんでした。

ですが、こうして70歳近くの年齢になってきますと、改めて思うのです。違うユニホームでプレーすることの方が正しかったのではないか、と。しかし、決断は正しかったと自分に言い聞かせるしかないのです。

ただ後悔があるとすれば、1986年の死球で骨折したあとの対応です。骨が引っ付く前からギプスを外して打ち始め、狂ってしまった打撃は最後まで戻ることがありませんでした。

今の時代のように複数年契約を結んでいれば、焦って復帰することもなかったでしょう。裏目には出ましたが、これも宿命です。チームやファンの期待に応えなければいけない四番の十字架を背負って野球をやっていたのですから。そう思うと、たとえ複数年契約を結んでいたとしても、ドクターに言われた復帰時期より早く戻っていたはずです。やっぱり同じように、1週間ぐらいでギプスを切って、練習してたんじゃないかなと思うのです。

確かに私も2000安打とか通算本塁打にも一時はこだわりました。600本を目標に、車のナンバーに600をつけたことがあったほどです。でも格好つけるわけでも何でもなく、一番こだわっていたのは「阪神の四番」でした。四番という打順を打てなくなったときがユニホームを脱ぐときと決めていました。だからこそ、他のチームに行っても四番を打てないのなら意味はないと思っていたのです。

プロ入り前から憧れた長嶋さんや王さんの引き際も影響を受けたかもしれません。2人ともファンから「まだやれるぞ」と惜しまれながら、格好良く去りました。王さんはホームランを30本打っても、王貞治の打撃ができなくなったと引退したのです。ただ、これは正解がないと思うのです。ボロボロになるまでやるのも格好悪いことではありませんから。もともとテスト生で入ってきましたので、「充分に頑張ったじゃないか」と思ってしまう部分もあります。ドラフト1位で入っていたら、また違う引き際があったのかもしれません。

チームを優勝に導けたのは大きな誇り

それと、自分の中で一番大切にしていた全試合出場があの死球で途切れたときに、弱い掛布が出るようになってしまったのです。痛みを言い訳にするようになったのです。手首が痛いだとか、腰がどうとか、膝がおかしいだとか。だから打てないんだと自分を慰めてしまうのです。そうなるとグラウンドに立つ資格はありません。

野球選手として緊張の糸がピーンと張っていた状態のときは痛みも感じなかったですし、言い訳することもありませんでした。

それと、今振り返ると、１９８５年の日本一で役目を果たしたと満足してしまった面があったのかもしれません。衣笠さんに言われたのです。

「お前に優勝させるべきではなかった。あの優勝で満足してしまっただろう。もしもあの優勝がなければ、お前はもっと貪欲に優勝に飢えて野球やってたよ」

それが衣笠さんと最後に会ったときの言葉でした。

２０１５年、16年と江夏豊さんが阪神の臨時コーチとして春季キャンプを指導したのですが、親友の衣笠さんは自身の体調が良くない中でも、心配で沖縄のキャンプ地まで駆けつけたのです。

でも、優勝せずに長くプレーした方が幸せだったかというと、そうではないと思うのです。１回だけになってしまいましたが、四番打者としてチームを優勝に導けたのは大きな誇りです。今でもファンの方が覚えてくれているのですから。２０００本の安打を打つより価値があったと思っています。

沖縄キャンプ報告――「打倒・阪神」を期す巨人

２０２４年の２月終盤、阪神、巨人の両球団の沖縄でのキャンプに足を運びました。阪神がキャンプを張る宜野座《ぎのざ》の球場のスコアボードには、紺の「２０２３　ＮＩＰＰＯＮ　ＣＨＡＭＰＩＯＮＳ」のフラッグが南国の風になびいていました。監督室の岡田監督へあいさつに出向くと、「グラウンドに出るのは久しぶりでしょう」とナインがアップしている最中のグラウンドに連れ出されました。１９８５年の日本一をともに勝ち取った岡田監督、平田ヘッドコーチと談笑。苦楽を共にした仲間と並び、チャンピオンフラッグのもと、王者のキャンプの空気をお裾分けしてもらいました。

戦力を考えれば、セ・リーグで断トツの優勝候補です。先発、リリーフともに層の厚さが違います。野球は点を取られなければ負けないゲーム。野手も今年30歳になる大山、近本ら働き盛りで、計算できる選手がそろっています。岡田監督の口ぶりにも球団初のリーグ連覇への自信が漂っていました。過去を振り返っても、これほど他球団から一目置かれるシーズンはないでしょう。岡田監督は常々「普通にやればいい」とナインに話していますが、受けて立つ立場だからこその難しさもあります。慢心はなくても、予期せぬ窮地に立ったときに焦らず「普通に」やれるかどうかが連覇のカギを握っています。

その岡田監督がオフから警戒していたのが、阿部新監督のもとで立て直しを図る巨人でした。「今年は相当やってくる」と明かしていました。現役時代から巨人というチームを知り尽くしているからこその発言でしょう。昨年は、18勝6敗1分けと圧倒しました。プライドをズタズタにされた巨人の逆襲を警戒しているのです。

オープン戦「伝統の一戦」は巨人の圧勝

阪神の宜野座キャンプを訪れる前日には、セルラースタジアムに阿部監督を訪ねました。報知新聞の企画で対談したのですが、打倒・阪神への並々ならぬ思いに驚きました。阪神との違いは何かをテーマに1、2軍ともミーティングをしたというのです。巨人の90年の歴史でも、これほど阪神を意識してスタートするシーズンはないはずです。いや、阪神どころか広島や中日が強かったときでも、これほど一つのチームを意識したことはなかったはずです。阪神は日本一になったとはいえ、連覇を果たしたわけでもなく、まだ1年だけ。なのにこの対応ですから、それほど強烈に打ちのめされたということでしょう。

阪神の良さを認めるミーティングというのは、日本球界を引っ張ってきた巨人のプライドを捨ててでも勝ちたいという気持ちの表れです。今までなら「巨人の野球」でやり返すということになっていたでしょう。4年ぶりのV奪回に向け、自分たちの弱さを認めることから始めたのです。

前にも記しましたが、私は阪神と巨人の大きな差として、一塁までの全力疾走があると見ていました。凡時徹底こそ一番難しいこと。阿部監督は実際に一塁までの到達タイムを計り、データとして示したというのです。弱点を数字として明確に示すことでナインの意識改革を狙ったのです。

2月23日には那覇でのオープン戦で伝統の一戦が組まれました。阿部監督にとってはただのオープン戦ではありませんでした。「一泡吹かせます」と私に宣言していましたが、初回に天敵の伊藤将から7得点を奪ったのです。3月29日に東京ドームで迎える開幕3連戦の前哨戦として、巨人にとっては意味のある勝利になりました。開幕3連戦は阪神にとっては「143分の3」ですが、巨人にとっては「143分の72」ぐらいの意味があります。

2024年は巨人が球団創設90周年を迎え、阪神も本拠地の甲子園が開場100周年の大きな節目となる1年です。王者と挑戦者という位置づけからのスタート。両球団の新しい歴史の1ページがめくられます。

おわりに——阪神の四番に殉じた野球人生

大阪に住んでみて分かるのは、大阪の人、関西の人は東京への対抗意識が強いことです。それと同時に大阪、関西に誇りを持っていることです。東京で就職しても大阪弁で通す人が少なくないのも、そういうことが理由なんでしょうね。そしてまた関西における阪神の影響力というのは絶大です。

私は千葉出身ですから、関西はなじみのない土地でした。驚いたのはまだ入団3年目ぐらいのときに、「もっとも関西人らしい関西人は？」という企画がメディアであったのです。そのときの結果は1位・松下幸之助《まつしたこうのすけ》さん（松下電器の創業者）、2位・藤本義一《ふじもとぎいち》さん（小説家）、そして3位・掛布雅之だったんです。早すぎます。

受け入れるのが早いのも、関西の気質なんでしょうね。江川とのトレードで阪神入りした小林繁さんもそうでした。昨年まではヤジを飛ばしていたことも忘れる感じでしたから。

言葉へのこだわりもあります。3年目ですっかり関西人として認められた私ですが、インタビューに普通に標準語で話していたら「10年もたってなんで関西弁をしゃべれんのや」と怒られたこともありました。今ではもう関西にいた方が落ち着きますし、東京に仕事で行った後も関西に戻ると、帰ってきたという感覚になります。

阪神ファンを嫌いになった時期も

いまやすっかり「関西人」ですが、阪神に入団間もない頃は戸惑いもありました。街を歩いていても「なんで関西の人たちはこんなに歩くのが速いのだろうか」と。話す言葉も早くて、これも慣れるのに大変でした。

でも、阪神ファンの求めるプレーができるようになると、とんでもなく温かく迎えてくれました。反面、ダメな時の厳しさも感じました。その厳しい声援も、引退して分かったことですが、裏を返すと、熱狂的に応援してくれていたことに気付きました。とはいえ、一時は阪神ファンが嫌いになるほど、厳しさを感じたことがありました。ケガをして休んでいたときはカミソリの刃が表に向いた手紙が来たり、電話が鳴りやまなかったりしました。一緒に出かけて歩いていた妻に罵声を浴びせられたこともありました。駐車場に止めてある車に嫌がらせのイタズラをされたこともあります。

今の選手はＳＮＳなどネットで攻撃されることに苦しむこともあるようですが、私のときは直接的でした。本当にひどい人たちだと思ってました。

でも、私の引退試合となった１９８８年10月10日の甲子園のヤクルト戦で、阪神ファンの熱い思いを痛感したのです。ファンのことが嫌いになっていた私の目に入ったのは「掛布選手　夢をありがとう」のスタンドの垂れ幕でした。甲子園全体が泣いてくれるように、一挙手一投足に声援を送ってくれたのです。

もう少しで、阪神ファンを嫌いなままユニホームを脱ぐところでしたが、寸前のところで気付かせてくれたのです。掛布雅之を支えていたのは阪神ファンの声援だった、ということを。厳しいファンの声も「お前ならできる」という思いからだったと。だから心から阪神ファンに感謝して、ユニホームを脱げたのです。

これからも、ワクワクする対決を見たい

2000安打や500本塁打など通算の数字にこだわる野球人生もいいと思いますが、私の場合は数字よりも「阪神の四番打者」にこだわったのかもしれません。これは今の時代の選手には考えられないことだと思います。田淵さんが「お前は縦縞のユニホームで終わってくれよ」と言った意味も説明しても分からないでしょう。

自分を商品として高く買ってくれるところがあれば行くべきだと思います。日本の球団に限らず、MLBに行けるのであれば、MLBの好条件を出してくれる球団に行けばいいのです。商品として、選手は自分の仕事さえしていればいいのです。

昭和のプロ野球はそうではありませんでした。チームが勝てない中で、自分の成績だけ上げても、「あいつは自分のことしか考えていない」となるわけです。同じよう

に〝わがままな野球〟をしていても、チームが勝てば、何も言われないのです。

ファンから「当時、ＦＡ制度があればどうしましたか」と聞かれることがあります。制度があったとしても時代の空気が、阪神を出ることを許してくれなかったでしょう。ただ、マネーゲームにするつもりはないですが、他球団がどういう評価をしているのか、聞いてみたかったという思いはあります。プロ野球選手の値打ちは結局、年俸でしか計れないのですから。

私が古き良き時代の〝対決〟をさせてもらった江川に聞いたことがあります。「掛布を４打数４三振にしたけどチームは負けた。掛布に２本のホームランを打たれたけど、チームは勝った。どちらを選択したい？」

江川は予想通りに４三振の方を選びました。それぐらいのこだわりがあったのです。ＦＡもＷＢＣもなかった時代の話ですが、個と個のぶつかりあいがありました。そして、阪神と巨人というチームにも、良きにつけ、悪しきにつけ個性があったのです。

この先の時代も「伝統の一戦」という言葉にときめき、ワクワクする対決を見させてくれることを願っています。

扉写真　Ⅰ、Ⅱ、Ⅳ／読売新聞社
Ⅲ／報知新聞社

掛布雅之　Kakefu Masayuki

1955年、千葉県生まれ。市立習志野高等学校卒業。73年、ドラフト６位で阪神タイガース入団。本塁打王３回、打点王１回、ベストナイン７回、ダイヤモンドグラブ賞６回、オールスターゲーム10年連続出場などの成績を残す。88年に現役引退後、阪神タイガースGM付育成&打撃コーディネーター、２軍監督、オーナー付シニア・エグゼクティブ・アドバイザー、HANSHIN LEGEND TELLERなどを歴任。野球解説者、評論家として活躍し、YouTubeチャンネル「掛布雅之の憧球」も話題を呼んでいる。

中公新書ラクレ 814

虎《とら》と巨人《きょじん》

2024年４月10日発行

著者……掛布雅之《かけふまさゆき》

発行者……安部順一

発行所……中央公論新社

〒100-8152 東京都千代田区大手町 1-7-1

電話……販売 03-5299-1730　編集 03-5299-1870

URL https://www.chuko.co.jp/

本文印刷…三晃印刷　カバー印刷…大熊整美堂　製本…小泉製本

©2024 Masayuki KAKEFU

Published by CHUOKORON-SHINSHA, INC.
Printed in Japan ISBN978-4-12-150814-0 C1295

定価はカバーに表示してあります。落丁本・乱丁本はお手数ですが小社販売部宛にお送りください。送料小社負担にてお取り替えいたします。本書の無断複製（コピー）は著作権法上での例外を除き禁じられています。また、代行業者等に依頼してスキャンやデジタル化することは、たとえ個人や家庭内の利用を目的とする場合でも著作権法違反です。

中公新書ラクレ　好評既刊

ラクレとは…la clef＝フランス語で「鍵」の意味です。
情報が氾濫するいま、時代を読み解き指針を示す
「知識の鍵」を提供します。

L619
サラブレッドに「心」はあるか
楠瀬　良 著

「今日は走りたくないなあ」「絶好調！　誰にも負ける気がしない」など、レース前に馬が何を考えているかがわかったら――と思っている競馬ファンは多いことでしょう。残念ながら馬は人間の言葉を話してはくれませんが、その心理と行動に関する研究は日々進歩していま す。本書では、日本一の馬博士がその成果を余すところなく紹介、「馬は何を考えているか」という難問に迫ります。さて、サラブレッドは勝ちたいと思って走っているのでしょうか？

L718
老いる意味
――うつ、勇気、夢
森村誠一 著

老いれば病気もするし苦悩もする。老人性うつ病を克服した著者の壮絶な体験を告白。だが、身体が老いても病を経験しても心は老いてしまうわけでない。老いを恐れず残された日々を自然体でいること。良いことも悪いこともすべて過去の出来事として水に流す。老いの時間を「続編」や「エピローグ」のつもりでなく「新章」にすればいい。夢は広がり、いくつになっても新しいことが始められる。米寿を迎えた作家・森村誠一渾身の「老い論」の決定版。

L776
調べて、伝えて、近づいて
――思いを届けるレッスン
増田明美 著

マラソン・駅伝中継での、選手の人柄まで伝わる解説に定評がある増田明美さん。あの「こまかすぎる」名解説はいかにして生まれるのか。相手との信頼関係の築き方、情報収集の極意、選手につけるニックネームに込めた思いまで――その舞台裏を初公開。さらには、20年以上続けている大阪芸術大学での講義や、朝ドラ『ひよっこ』のナレーション、『読売新聞』「人生案内」回答者など、幅広い仕事で培ったコミュニケーション術に迫る。